LIÇÕES APRENDIDAS EM PROJETOS

DEPOIMENTOS DE QUEM APRENDEU COM OS PRÓPRIOS ERROS

**LEANDRO VIGNOCHI | CINTIA SCHOENINGER | FÁBIO GIORDANI
FERNANDO BARTELLE JR. | MARIELA HAIDÉE ARANDA**

LIÇÕES APRENDIDAS EM PROJETOS

DEPOIMENTOS DE QUEM APRENDEU COM OS PRÓPRIOS ERROS

Copyright© 2018 por Brasport Livros e Multimídia Ltda.

Todos os direitos reservados. Nenhuma parte deste livro poderá ser reproduzida, sob qualquer meio, especialmente em fotocópia (xerox), sem a permissão, por escrito, da Editora.

Editor: Sergio Martins de Oliveira
Diretora: Rosa Maria Oliveira de Queiroz
Gerente de Produção Editorial: Marina dos Anjos Martins de Oliveira
Editoração Eletrônica: SBNigri Artes e Textos Ltda.
Capa: Trama Criações

Técnica e muita atenção foram empregadas na produção deste livro. Porém, erros de digitação e/ou impressão podem ocorrer. Qualquer dúvida, inclusive de conceito, solicitamos enviar mensagem para **editorial@brasport.com.br**, para que nossa equipe, juntamente com o autor, possa esclarecer. A Brasport e o(s) autor(es) não assumem qualquer responsabilidade por eventuais danos ou perdas a pessoas ou bens, originados do uso deste livro.

L711

    Lições aprendidas em projetos: depoimentos de quem aprendeu com os próprios erros / Leandro Vignochi... et al. – Rio de Janeiro: Brasport, 2018.

    ISBN: 978-85-7452-890-8

    1. Administração de projetos I. Título

                        CDD: CDD: 658.404

Ficha Catalográfica elaborada por bibliotecário - CRB7 6355

BRASPORT Livros e Multimídia Ltda.
Rua Teodoro da Silva, 536 A – Vila Isabel
20560-005 Rio de Janeiro-RJ
Tels. Fax: (21) 2568.1415/3497.2162
e-mails: **marketing@brasport.com.br**
          vendas@brasport.com.br
          editorial@brasport.com.br

site: **www.brasport.com.br**
Filial
Av. Paulista, 807 – conj. 915
01311-100 – São Paulo-SP

Agradecimentos

Meu primeiro contato com gerenciamento de projetos foi tão inusitado que acredito que foi obra de Deus, e é a ele que agradeço primeiramente, não apenas pelo fato de ter me apresentado a uma atividade profissional, mas por ter gerado a oportunidade de conhecer mestres, alunos, empreendedores e principalmente amigos que deixam algo de bom em minha vida e permitem que eu faça o mesmo na vida deles. Entre eles estão os autores desta obra: Cintia, Mariela, Fábio e Fernando.

Agradeço também ao meu pai Arlindo e à minha mãe Lourdes, que plantaram em minha alma a perseverança e o compromisso com a verdade. Por fim, agradeço à minha esposa Rosane e à minha filha Nicole, por serem a luz da minha vida.

Leandro Vignochi

Agradeço à minha família, em especial minha mãe Nadia Schoeninger e meu pai Ernani Schoeninger (*in memoriam*), irmão, tios e primos, que tanto penalizei com minhas ausências para estar presente nas atividades voluntárias do PMI-RS. Agradeço aos meus colegas do PMI-RS a oportunidade de aprender com vocês.

Meu muito obrigada aos amigos Fábio Giordani, Fernando Bartelle Jr., Mariela Haidée Aranda e, em especial, ao gerente de projetos deste livro, Leandro Vignochi.

Cintia Schoeninger

VI LIÇÕES APRENDIDAS EM PROJETOS

Agradeço aos amigos com quem tive o grande prazer de escrever este livro, sendo este um projeto com um grande gerente que cadenciou de forma impecável a condução. Cintia, Mariela, Fernando e Leandro, vocês são excepcionais! Leandro, muito obrigado pelo convite, pela troca de experiências, pelo aprendizado proporcionado e pela oportunidade de me fazer refletir sobre meus erros e aprender com eles. *Grazie di cuore!*

Um especial agradecimento à minha família, que apoiou e ajudou de forma incondicional este projeto. Cristiane, Pedro e João, a compreensão de vocês e os momentos de privação de nosso convívio tornaram possível esta obra.

Obrigado aos meus colegas de trabalho nos vários projetos aqui relatados. Mesmo com o esforço de não identificar as empresas e projetos envolvidos, os que participaram dos casos se encontrarão nos relatos. Vocês permanecem vivos em minha memória. Recebam um grande abraço através das páginas deste livro.

Agradeço às várias pessoas que conheci e aos grandes amigos que ganhei pelo mundo através do voluntariado no PMI, experiência que contribuiu de forma grandiosa para o meu desenvolvimento profissional e pessoal.

Fábio Giordani

Agradeço primeiramente aos meus familiares, especialmente meus pais de sangue e de espírito, Teresa, Fernando (*in memoriam*) e Fernando Tadeu, a quem devo o que hoje sou. À Gabriela e à Ana, pela compreensão e pelo apoio inestimáveis nessa empreitada. Aos amigos que a vida de projetos me deu, em especial aos queridos colegas deste projeto literário. Ao Leandro, de forma destacada, pela oportunidade de participar deste livro, compartilhar algumas das minhas histórias e ter a honra de ajudar a construir conhecimento. À família internacional que o PMI me deu, destacando-se os companheiros do PMI-RS.

A minha eterna gratidão, enfim, a todos que de alguma forma colaboraram com a ocorrência dos erros aqui registrados: descobrimos juntos várias formas que não deram certo, mostrando o caminho que trilhamos a seguir.

Fernando Bartelle Jr.

A Deus, em primeiro lugar, pelas oportunidades de vida colocadas no meu caminho, à minha família amada pelo suporte e pelos valores de vida repassados, por sempre me incentivar a correr atrás dos meus sonhos. Às pessoas especiais que fui encontrando ao longo da minha jornada, cada uma com um propósito especial: BP, VB, SS, DO, LV, VF, CP e cada uma das que me marcaram para sempre.

Mariela Haidée Aranda

Sobre os Autores

Leandro Vignochi

Graduado em Administração de Empresas com habilitação em Análise de Sistemas pela Faculdade da Serra Gaúcha. MBA em Gestão Estratégica de Projetos, MBA em Gestão Integrada da Comunicação Corporativa e Pessoal, ambos na faculdade da Serra Gaúcha. É certificado PMP (*Project Management Professional*), PRINCE2® *Foundation* e Vice-Presidente de expansão e *branches* do PMI-RS até 2016. Possui capacitação no Programa *Lean Manufacturing* (Produção Enxuta), na escola Biticino – México, e como Gerente de Projetos do Planejamento Estratégico da Unidade Industrial Cemar Legrand 2006-2009. Atuou como professor das disciplinas de Comunicação, Riscos, Integração, Escopo, RH e Tempo nas pós-graduações das seguintes instituições de ensino: IPOG, Senac, FISUL, Unisinos, UCS, PUC e Unilassale. Diretor da Exitus Gestão de Projetos e Processos. Possui experiência em gerenciamento de projetos, atuando principalmente em ambiente de múltiplos projetos nas organizações, com desenvolvimento de projetos de melhoria de produção, lançamento de produtos, máquinas e equipamentos especiais, layout industrial, processos de estruturação fabril, layout estratégico, estruturação comercial, estruturação financeira e programas de redução de desperdícios. Coautor do livro "O Gerente de Projetos Inteligente", também publicado pela Brasport.

X LIÇÕES APRENDIDAS EM PROJETOS

Cintia Schoeninger, MSc

Mestre em Ciência da Computação, desde 2003, pela Universidade Federal de Santa Catarina (UFSC) na área de Inteligência Artificial. Possui especialização em Gestão do Conhecimento & Inteligência Estratégica pela Universidade de Caxias do Sul (UCS) desde 2007. Atuou como desenvolvedora de software e, posteriormente, como Analista de Sistemas, realizando levantamento de requisitos de negócio. Exerceu o cargo de Gestora de *Release* e Software *Quality Assurance* (SQA). Atuou em projetos de melhoria da qualidade de software com conhecimento dos *frameworks*: *PMBOK° Guide*/PMI, MPS.BR e ITIL°.

Gerenciou projetos de seleção e implantação de softwares ERP, projetos de estruturação de processos, transferência de fábrica e desenvolvimento de nova fábrica, projetos de melhorias de processos, redução de desperdícios, projeto de desenvolvimento de produto para *startups*, projetos de desenvolvimento de metodologias e ferramentas de desenvolvimento de software, projetos em Incorporadora e Construtora, entre outros.

Atualmente é professora da Faculdade CNEC Farroupilha-RS e Gestora da Construtora Marchet. Coautora do livro "O Gerente de Projetos Inteligente", também publicado pela Brasport.

Fábio Giordani, Me, PMP®, CSM®

Técnico em Processamento de Dados pela Universidade Regional Integrada do Alto Uruguai e Missões (URI/1992), Bacharel em Administração (ESPM-RS/2004), Mestre em Administração e Negócios (PUC-RS/2009), MBA em Gestão Estratégica de Negócios e Pessoas (ESPM-RS/2016), também possuindo cursos de extensão universitária em Gestão do Conhecimento pela FGV-RJ e Gestão Estratégica de Pessoas pela ESPM-RS.

Iniciou sua carreira na área de TI como programador de sistemas, tendo trabalhado em diversas consultorias no Rio Grande do Sul e em São Paulo e atuado em clientes de variadas linhas de negócio. A evolução profissional propiciou crescimento e desenvolvimento de habilidades de análise de negócios, análise de sistemas, mapeamento e gestão de processos, gestão de equipes e gestão de projetos.

Atualmente é Gerente de Projetos e Programas na Dell EMC, atendendo a clientes de grande porte em projetos de soluções de infraestrutura de TI. Também desempenha atividade docente desde 2009, atuando em programas de pós-graduação de diversas instituições de ensino. Possui certificação PMP® e CSM® e é voluntário do PMI-RS desde 2009, tendo ocupado vários cargos executivos. É Presidente da gestão 2017/2018.

Você pode conhecer mais sobre Fábio Giordani no LinkedIn em: <https://br.linkedin.com/in/fabiogiordanibr>.

Fernando Bartelle Jr.

Graduado em Arquitetura e Urbanismo, começou a carreira trabalhando com projetos de arquitetura. Descobriu o mundo do gerenciamento de projetos por acaso, ainda no início da vida profissional. Certificou-se PMP® (*Project Management Professional*) e passou a trabalhar como gerente de projetos, especialmente em Escritórios de Projetos (PMOs).

É profissional de projetos com habilidades e experiência em montagem e liderança de equipes, criação e instrumentalização de escritórios de projetos, monitoramento e controle de programas e portfólios de projetos e serviços, gestão de partes interessadas, treinamentos, entre outros.

Envolvido com trabalhos voluntários desde sempre, encontrou no PMI-RS grandes oportunidades. Atuou como instrutor do curso preparatório para as certificações PMP® e CAPM®, sendo eleito destaque do ano em 2016 na função. Assumiu a posição de diretor de projetos sociais no mesmo ano, onde trabalha especialmente com programas para educação de jovens e com instituições sem fins lucrativos.

Mariela Haidée Aranda, MSc, PMP®

Engenheira Industrial formada na UNaM – Misiones Argentina e MSc em Engenharia de Produção pela UFRGS, realizou Pós-MBA em Liderança pela Unisinos. Certificada PMP pelo PMI em 2012 e HCMP 3G *Expert Professional* pelo HCMI. Atualmente possui a função de Analista de PMO e atua como voluntária no PMI-RS.

Apresentação

Leandro Vignochi

Certa vez, fui convidado pelo mestre Fábio Giordani a falar sobre projetos para uma turma composta por vinte alunos. Como naquela etapa da vida eu estava ingressando nesse ambiente acadêmico, a oportunidade foi um misto de orgulho e incerteza: orgulho porque, afinal, alguém estava me considerando minimamente competente na gestão de projetos a ponto de me convidar para falar a profissionais que participavam de um MBA; e incerteza porque não estava seguro acerca do assunto pertinente. E foi justamente o medo de errar que me motivou a falar sobre os erros em meus projetos de forma prática, primando pelos detalhes, para que a transferência da informação servisse para agregar valor e evitar que os ouvintes cometessem erros semelhantes aos meus. Bem, o evento foi de razoável sucesso.

Passado um ano, fui convidado para falar em um congresso de gerenciamento de projetos e, motivado pelo sucesso da pequena palestra, resolvi estruturar o tema a partir do título: "erros em projetos, uma fonte de oportunidades". Como eu era pouco conhecido e havia construído minha carreira no ambiente de manufatura, não tão aderente aos projetos de tecnologia de informação, pensei: "não haverá quase ninguém nessa palestra, afinal não sou conhecido e não trabalho na área da maioria dos inscritos no congresso".

Pois... acredite, havia mais de trezentas pessoas no auditório. Foi um impacto inicial que me desestabilizou, uma vez que eu não estava preparado para isso. A pa-

XIV LIÇÕES APRENDIDAS EM PROJETOS

lestra foi muito informal, nos moldes de um evento para vinte alunos. Falei sobre a categoria dos erros (técnicos, comportamentais), a maturidade de aceitação do erro como objeto, separando-o do indivíduo e atacando a causa-raiz para que pudéssemos transferir a gestão do conhecimento a outros projetos com propriedade, tudo dentro dos padrões técnicos de uma gestão de projetos. Mas o que realmente chamou minha atenção foi a dedicação dos ouvintes quando eu comecei a falar dos meus erros detalhadamente.

A partir daquele dia, comecei a prestar mais atenção e percebi que, quando se fala em projetos, não falar sobre erros é o primeiro grande erro, já que, sendo únicos e não resultantes de uma linha de produção, os projetos naturalmente iniciam com a tendência ao erro, ou seja, se você quiser que um projeto fracasse, não é necessário fazer algo, basta deixar o projeto sem gerenciamento: a sua natureza de imprevisibilidade levará ao malogro dos objetivos. Portanto, jamais devemos querer que os projetos deem certo e, sim, que não deem errado. Novamente, uma maneira de pensar que nos remete a aprender pelo erro. De fato, a pergunta final para qualquer apresentação de um projeto, fracassado ou bem-sucedido, deveria ser:

— O que deu errado?

Foi a partir desse raciocínio que desafiei alguns amigos a exercer a humildade, expondo-se no relato de atitudes, análises e posicionamentos pessoais que fizeram com que seus projetos se desviassem de suas metas.

Veja que situação incomum.... em vez de primar pela apresentação do sucesso nos projetos, optar por apresentar seus erros com franqueza e maturidade, através de histórias reais, e, quem sabe, dessa forma, fazer com que a nossa dor seja um pequeno passo para o sucesso de outros gerentes de projetos. Seguindo um raciocínio simples e lógico:

— Aprenda com os erros dos outros: dói menos e é mais barato!

Então, lições aprendidas. Para quê? Ou para quem?

Mariela Aranda

Todos sabemos e reconhecemos a importância das lições aprendidas: registrar o que deu certo e, principalmente, o que deu errado nos nossos projetos. Muitas das boas práticas do mundo de gestão de projetos são impossíveis de não levar para dentro de nossa vida pessoal. E, certamente, aprendemos mais com os erros do que com os acertos.

Uma das tantas funções que um PMO tem, ou diz ter, é o desenvolvimento de um método que, sustentado por uma ferramenta, possa gerar uma série de benefícios e resultados para a organização. E que PMO não pensa ou pensou nas lições aprendidas? A central de conhecimento sendo registrada é um dos tantos sonhos do PMO. Deixar o legado do projeto para compartilhar o que deu errado e poder disponibilizar para uso em outros projetos.

Lições aprendidas são uma das tantas formas de realizar a gestão de conhecimento na organização. Se, porventura, o gerente de projetos decide ir em busca de novos desafios, o *know-how* estaria protegido para a organização. Por isso, recomenda-se que elas sejam registradas durante todas as fases do projeto, e não apenas em seu encerramento.

XVI LIÇÕES APRENDIDAS EM PROJETOS

No entanto, por mais esforços que coloquemos nesse registro, desconheço projetos que, antes de iniciar sua fase de tsunamis sucessivos, tenham buscado, lido e assimilado as lições aprendidas de projetos anteriores. Logo, se criamos a regra de registrar as lições aprendidas, entendemos de fato por que devemos deixar esse conhecimento em algum banco de dados? Não é porque o PMO quer, ou porque o *PMBOK* *Guide* diz que é uma boa prática, ou porque uma ISO diz que é uma obrigação.

De fato, podemos deparar com a ausência de registros quando o profissional--chave já não faz parte do time do projeto. Só quando essa pessoa especial desaparece entendemos o tamanho do problema. Ter de iniciar uma pesquisa novamente porque o conhecimento simplesmente foi embora na cabeça dessa pessoa.

Temos uma tendência enorme a repetir erros, pois somos incapazes de refletir e realizar uma autocrítica consciente que nos leve a um novo nível no patamar de gestão de projetos. Ninguém gosta de expor os erros, mas, se não somos capazes de receber um *feedback* de nós mesmos, como iremos tolerar o *feedback* da empresa? Vamos nos desmoronar emocionalmente e, provavelmente, o nível de insegurança profissional se tornará uma sombra em nosso currículo.

Então, para que as lições aprendidas? Para diminuir o risco na próxima legião de projetos que virão no portfólio. Prazos com menos desvios, recursos mais bem compartilhados, *stakeholders* mais engajados e qualidade nos resultados esperados. Para quem registramos as lições aprendidas? Para nós e todos os envolvidos em gestão de projetos na organização, pois erros precisam ser compartilhados. Como fazemos isso? Mudança comportamental e disciplina são a melhor forma de ter uma base de dados sólida para garantirmos uma gestão de conhecimento e resultados adequados para a organização.

Sumário

Desastres Generalizados 1
   O problema foi você ter salvo 2
   Não temos nenhum registro de que cause algum impacto 6
   Testa e depois volta para as configurações de fábrica 9
   Atualizar e desligar 12
   Quando testes e inspeções no projeto falham 15
   No voo das nove 17
   Quando é tarde demais para o projeto 20

Falhas de Comunicação 23
   Melhor comunicar ou gerar conhecimento? 24
   Pergunte ao Sr. Projeto 27
   Comunicação efetiva 29
   Não conte histórias ou crônicas, gere indicadores 32
   Esperar o reconhecimento 35
   Gerente de projetos ou administrador de egos? 37

Problemas Comportamentais 39
   Herói solitário 40
   Sobreviver até que limite? 42

XVIII LIÇÕES APRENDIDAS EM PROJETOS

Comece certo ou não faça	44
Emoção e razão	46
Linha cruzada: as interferências que acabam com o seu projeto	48
Gestão do tempo	51
Cliente amigão	54
Eu te respeito, por isso sou pontual	57
Liderança	60
Engajamento, o elo perdido	62
Decisões tomadas por impulso, por pressão ou premeditadas em projetos	64
Ferramenta de gestão não funciona sem disciplina	66
A liderança e o resultado do projeto	68
Fale com quem realmente sabe	70
Transtorno em equipe	73

Dificuldades com as Partes Interessadas	**77**
O *stakeholder* esquecido	78
Torne o seu patrocinador participante do seu projeto	81
Sabotagem inconsciente	84
Cliente tem sempre razão?	86
Acordos necessários com os patrocinadores do projeto	88
A história por trás da história	92

O Caos no Planejamento (Escopo, Tempo, Mudanças)	**95**
Falha na construção da EAP	96
Controle de fato as alterações de escopo do seu projeto. Isso lhe será útil	99
Se quiser fazer rápido, faça com calma	102
Tempo de folga	106
O requisito inesperado	110
Riscos desconhecidos	113
Entre o esoterismo e o prazo	116
Mudei, "porque sim"	118
Lidando com os riscos desconhecidos. E agora?	120
Ondas ou tsunamis sucessivos?	123

Sumário XIX

Erros de Estratégia, Projetos e PMOs **125**

Estude e entenda a cultura da empresa 126

Ops! Entregamos o que não precisava mais 129

Invista na escolha do projeto certo 132

Um ser ansiosamente resiliente 135

Encontrando o propósito 138

O projeto iniciou. Quando falaremos de performance do time? 140

Excesso de complexidade 142

Cada projeto com seu conceito 145

Os pilotos do sistema de gestão: vilões ou aliados? 147

Ainda temos pouca maturidade em estratégias e projetos 150

Para se Tornar um Gerente de Projetos Melhor **153**

Todos os gerentes de projetos gerenciam projetos? 154

Conflitos 156

Um Super Bonder® para matriz extra fraca em projetos 158

"Reis da garganta" 160

Titulação não abre portas 162

Nossos Convidados **167**

O que acontece quando seu especialista decide ir em busca de novos
desafios? 168

Aprenda a fórmula da comunicação não violenta e evite conflitos nas
relações 170

DESASTRES GENERALIZADOS

O problema foi você ter salvo

Fábio Giordani

Datas sempre são restrições em projetos, e não é à toa que, na maioria dos casos, os grandes problemas são relacionados – direta ou indiretamente – aos prazos e ao cronograma no projeto.

No início dos anos 2000, eu trabalhava como líder de um projeto de migração de um grande sistema de uma das maiores instituições públicas de saúde do país. Essa instituição disponibilizava vários dos principais serviços de tecnologia por meio de um *mainframe* (computador de grande porte) que seria desativado. O objetivo do projeto era muito claro: migrar o sistema XXX do *mainframe* para a nova plataforma sem interromper o funcionamento do departamento XXX até 30 de junho de 200X.

Outros projetos faziam parte do programa "Desligar o *mainframe*", e cada projeto tinha seus prazos, dependências, recursos e entrada em produção. O projeto XXX era o último a ter entrada em produção, pois dependia de informações de todos os outros. E justamente pela complexidade e pelo volume de dependências, a instituição decidiu terceirizar (adquirir) a migração de uma empresa externa, compartilhando o risco. Ou seja, o disjuntor que alimentava o *mainframe* seria desligado por nós.

A justificativa para todo esse programa tinha base tanto na questão de avanços tecnológicos como nos investimentos de aluguel do *mainframe*, cujo contrato vencia em 30 de junho de 200X. A simples ideia de renovação do contrato por um eventual atraso, fosse ele de apenas um dia ou de até seis meses, geraria um dispêndio de valor de quase meio milhão de reais, que não estava no orçamento. Atrasar a entrega não era uma opção.

O time era formado por profissionais com grande domínio técnico das tecnologias envolvidas. Um clima de compromisso muito forte foi gerado no grupo, que, pelo relacionamento e pela dedicação, em poucas semanas se tornou uma equipe muito coesa e com nível de comprometimento inquestionável em relação ao objetivo do projeto.

Conforme o sistema tinha seus módulos migrados, a integração entre o sistema legado (que ainda rodava no *mainframe*) e o novo sistema (já na nova plataforma) demandava mais esforços. Acompanhamento, validações e relatórios eram frequentes para que pudéssemos assegurar que os módulos do sistema, que estavam rodando na nova plataforma, entregavam corretamente os resultados em comparação ao sistema do *mainframe*. Devido ao fato de não estarmos modificando o processo e de o sistema ter relação com dados financeiros, o principal critério de aceite estava relacionado aos valores dos cálculos que eram processados pelo sistema XXX, que deveriam ser exatamente iguais entre o sistema legado e o novo.

Atrasos em entregas de outros sistemas que estabeleciam dependências, assim como o volume de atividades e alguns riscos que se tornaram realidade junto a percalços durante a evolução do projeto, fizeram com que, no dia 30 de junho, todo o time estivesse trabalhando na sala do projeto, ao lado da entrada para o datacenter, na última parte do sistema que precisava ser entregue. Esse era um procedimento muito específico e de menor importância, mas fazia parte do sistema. Mesmo com o cliente e todas as equipes cientes do cronograma e com o incremento de recursos no time no último mês do projeto, essa pequena parte atrasou e não foi possível entregá-la antes da data limite.

Os diretores da empresa na qual eu trabalhava eram presença frequente, e naquele momento de virada não foi diferente. Nervosismo e tensão temperavam o ambiente na expectativa pelo desligamento do *mainframe*, que representava um marco no início de uma nova etapa dos serviços de tecnologia da instituição. Esse momento era esperado pelos times e gestores com espumante, petiscos e muita conversa no corredor que dava acesso ao datacenter.

4 LIÇÕES APRENDIDAS EM PROJETOS

O trabalho tinha continuidade em nosso time na sala do projeto. Em nossa última verificação, encontramos valores divergentes em um dos processos. Após verificações, rastreamento de informações e reprocessamentos individuais na base de testes, localizamos a raiz do problema. Fizemos ajustes no código e testes de forma encadeada, pois toda a equipe estava reunida. Tudo certo! A nova versão de código foi homologada e colocada em produção. Era apenas necessário voltar alguns dados ao valor anterior para que o processamento em produção ocorresse de forma correta. Eu fiz as alterações, buscando os dados em uma base e aplicando na outra. Realizei uma nova verificação antes de gravar os dados na base de dados e tudo estava certo, então os salvei em definitivo no banco de dados.

Faltando duas horas para o término do prazo, reprocessamos com o código novo, corrigido e validado, e fomos para uma nova verificação. Os dados não batiam!

Instaurou-se o desespero. Os valores eram totalmente distintos e sem relação lógica. Um dos diretores da empresa, com a maior calma do mundo, pediu meu teclado e começou a voltar nas ações que eu havia feito. Em menos de cinco minutos ele identificou o problema: eu havia movido os dados de forma errada, invertendo origem e destino. E ele ainda comentou: "o problema não foi ter feito a alteração. O problema foi você ter salvo".

Como havíamos reprocessado a base com o novo código, o ambiente de produção tinha dados errados e os dados originais que estavam na homologação haviam sido sobrepostos em minha cópia pelos valores de produção, errados anteriormente. Os dados base estavam perdidos. Não havia como retornar.

No meio da incredulidade, onde tudo parecia perdido, uma alma se mantinha calma e em silêncio, contemplando nosso desespero. De repente, uma doce voz feminina fala em um tom suave a frase mais inimaginável dentro daquele contexto: "ei, pessoal! Eu fiz cópias". Toda a sala silencia e pergunta "hein?", "como é?", "você fez cópia do quê?".

Era uma das programadoras do time, que, calmamente, disse que não entendia bem o motivo, mas ficou nervosa com tanta tensão e, pelo fato de estarmos no ambiente de produção, resolveu fazer cópias dos dados em que estávamos trabalhando no intervalo de batimento de valores entre cada ajuste que promovíamos. Como estávamos trabalhando com apenas um conjunto específico de dados, a cópia era rápida.

Desastres Generalizados 5

Um simples comando, puxando os dados de uma tabela de dados da produção naquele momento para uma nova tabela no ambiente de homologação, resolveria. Usando as cópias que ela havia feito, contornamos a situação dos dados para antes de minha alteração e reprocessamos. Bingo! Tudo estava correto, e a última parte do sistema estava pronta para ser entregue em produção.

Eram 23 horas e 45 minutos do dia 30 de junho quando o *mainframe* foi desligado. O nível de tensão e estresse era tão elevado que poucas coisas da celebração realizada no momento do desligamento ficaram em minha memória. Vi na semana seguinte algumas fotos em que apareço junto de nosso time, as equipes dos outros sistemas e a de gestão da instituição, brindando o desligamento do *mainframe*. Sinceramente, lembro de poucas coisas além do grande abraço coletivo que demos na profissional que havia salvo o projeto e dos gritos que extravasaram nossa tensão.

Muitos dizem ser um absurdo trabalhar dados diretamente em produção. E, de fato, é. Absurdo ainda maior é não ter uma cópia que possa ser recuperada.

Depois do ocorrido, analisando com mais calma, identificamos diversos erros no caso. O ambiente não adequado para realizar um trabalho sob pressão em uma situação limite de entrega, a conferência dos dados pelo mesmo profissional que executou a operação, a falta de um ponto de retorno no processo (onde a programadora nos salvou fazendo cópias), entre outros.

Não temos nenhum registro de que cause algum impacto

Fábio Giordani

A confecção de ofertas de soluções é sempre uma atividade colaborativa entre o cliente e o fornecedor. Quando há um time interno de tecnologia com domínio de ferramentas e produtos, várias atividades acabam sendo absorvidas pelo time do cliente de forma a reduzir o valor de contratação e serviços externos.

Fato é que, mesmo com essa divisão clara de responsabilidades, o cliente normalmente se apoia no time do fornecedor para validações relacionadas com os mais variados aspectos das tecnologias.

Em determinado momento do projeto havia a necessidade de atualização da tecnologia de gerenciamento de identidade e acesso a diretórios que o cliente utilizava para que a autenticação dos equipamentos e uma série de funcionalidades pudessem ser configuradas. Essa atividade havia ficado sob responsabilidade do time do cliente, que contava com especialistas na tecnologia. Não tendo sido contratada como um serviço a ser prestado pelo meu time, não havia nenhum recurso com domínio dessa tecnologia alocado para o projeto.

Em uma quarta-feira pela manhã o cliente define que vai atualizar o software de gerenciamento de identidade e acesso a diretórios para permitir que as atividades planejadas para o final de semana pudessem ocorrer com tranquilidade. As atividades já estavam planejadas há mais de vinte dias, sendo a gestão de mudanças aprovada pelo comitê do cliente – procedimento padrão para ambientes com gestão e governança de serviços de tecnologia.

Não levou muito tempo para vir as perguntas do cliente: não gera nenhum problema atualizar para essa versão? Não perde nenhuma funcionalidade? Pode ser feito "a quente" (sem parada de ambiente)?

Respondemos que não tínhamos domínio da ferramenta e a consulta formal a um profissional certificado levaria pelo menos dois dias, visto que não havia sido prevista alocação de profissionais com esses conhecimentos no projeto. Mas mesmo sem ter o profissional alocado, ligamos para um de nossos recursos, que comentou: "nas que eu fiz até agora não tive nenhum problema". Mesmo assim, reforçamos ao cliente que a atualização, por ser em ambiente produtivo, deveria respeitar a gestão da mudança já aprovada para o final de semana, pois atualizações sempre trazem riscos, por menores que sejam.

O cliente verificou no site do fabricante, mapeou as mudanças entre versões e recomendações e, com base na informação de que a atualização não causava indisponibilidade do ambiente, resolveu fazer o *upgrade*, em produção, no meio de um dia produtivo.

Não levou um minuto para que vários sistemas começassem a recusar conexões e apresentar problemas no ambiente de produção.

A atualização, ao contrário do que mencionava o site do fabricante, causou impacto em vários sistemas do ambiente do cliente.

Situação crítica, montagem de comitê de emergência e planos para resolver o problema no menor tempo possível, que neste caso durou 18 horas e envolveu seis profissionais do cliente em paralelo e em revezamento.

Após os sistemas restabelecidos foi feita a busca pela causa-raiz do problema. Mesmo com todas as informações de que a atualização era simples (e de fato era) e de que poderia ser feita em produção, sem afetar os sistemas que estavam rodando, uma matriz de compatibilidade entre versões dos sistemas que necessitavam acesso a diretórios não havia sido observada pelo time do cliente. Havia uma versão espe-

8 LIÇÕES APRENDIDAS EM PROJETOS

cífica de um dos produtos, amplamente utilizado em tecnologias de virtualização de servidores, que apresentava problemas e a solução passava por atualizar um *driver* nesse sistema antes do *upgrade* do software de gerenciamento de identidade e acesso a diretórios. Reforçando as leis de Murphy, claro que o cliente rodava exatamente a versão que apresentava problema!

A lição nesse caso é o reforço de uma regra que todo profissional de tecnologia sabe: nunca altere um ambiente produtivo sem estar com um plano de retorno e dentro de uma janela programada. Faça a análise detalhada dos riscos e atente para as lições de outros projetos e recomendações de cuidado do fabricante. É como bula de remédio, sempre devemos ler os efeitos colaterais.

A boa vontade em adiantar uma atividade teoricamente simples pode causar muitos problemas.

Testa e depois volta para as configurações de fábrica

Fábio Giordani

Fazer um *test drive* em um carro antes de comprar ou até mesmo alugar o modelo pretendido antes da compra é uma prática comum no comportamento de compra de um automóvel. Para equipamentos de tecnologia, o *test drive* pode ocorrer em uma prova de conceito. Depois do equipamento adquirido, sendo ele uma tecnologia ainda não dominada pelo time do cliente, é comum um período de testes antes do equipamento ser configurado em definitivo e colocado em produção.

Determinado cliente adquiriu equipamentos que disponibilizariam uma arquitetura de tecnologia nova para seu datacenter. Solicitou que entregássemos uma configuração básica para que o time pudesse trabalhar no equipamento por duas semanas antes que fizéssemos as configurações definitivas e disponibilizássemos o equipamento em produção.

Após feitas as configurações iniciais necessárias apenas para ligar o equipamento, compartilhamos informações de como o equipamento funcionava e operações de gestão básicas do equipamento. Assim, o cliente iniciou seu "período de laboratório" com o novo equipamento, promovendo uma série de alterações, ajustes, testes e con-

10 LIÇÕES APRENDIDAS EM PROJETOS

figurações de maneira a obter domínio do equipamento e validar diversas necessidades que ele possuía em suas aplicações de tecnologia.

Passadas as duas semanas iniciais, o cliente nos contata para que agendemos a configuração definitiva. O procedimento padrão nesses casos é retornar o equipamento para as configurações de fábrica e, a partir desse *reset*, aplicar as configurações pertinentes e adequadas às necessidades do cliente.

Configurações realizadas, coleta de *logs* e configurações do ambiente, documentação final do ambiente atualizada, validação pelo cliente e solução colocada em produção, tal como planejado inicialmente com o cliente.

Passados dois anos, o cliente resolve expandir a capacidade da solução. Nessas situações, é comum a necessidade de atualizações de componentes de software (*firmwares* e *drivers*) para que novos componentes de hardware possam ser adicionados na solução.

Sendo ambiente produtivo, uma janela de operação foi definida com base na experiência de realização desses processos, que são corriqueiros e simples e podem ser feitos com o ambiente em produção (atentando para momentos de baixa atualização). No tipo de atualização que o cliente necessitava, ocorriam problemas em raríssimos casos.

No final das atualizações, durante o procedimento de validação automática de todas as configurações do ambiente, o equipamento trava e indisponibiliza uma série de serviços do cliente. Houve acionamento do time de suporte e identificação de meios de seguir em frente e deixar o ambiente estável novamente. Depois de alguns procedimentos de contorno, em duas horas o ambiente estava operacional novamente.

Na busca do motivo da falha, após o ambiente ficar estável, as validações e análises identificaram um parâmetro totalmente fora do limite máximo permitido para a estrutura do cliente. Detalhe é que foi identificado que esse valor fora do limite estava configurado há mais de dois anos, ou seja, ele estava configurado nesse valor quando a entrega inicial foi realizada, após o *reset* para retorno para as configurações de fábrica. Possivelmente, em algum teste do cliente, alguma forma de configuração foi realizada que possibilitou esse valor ser configurado fora do padrão, pois ele não é um parâmetro que faz parte das configurações trabalhadas no tipo de ambiente que o cliente possuía.

Várias questões surgem nas lições aprendidas no projeto, entre elas (e não somente):

✓ O *reset* para valores de fábrica não funcionou adequadamente? Nos *logs* coletados ao final das configurações definitivas tínhamos o valor configurado fora dos limites, e este não é parte das configurações trabalhadas no projeto do cliente.

✓ Como não houve travamento final das atualizações do primeiro projeto, durante o procedimento de validação automática de todas as configurações do ambiente?

✓ Como o valor diferente não foi identificado pelo time de implementação durante as configurações iniciais do equipamento após o *reset*?

Falhamos. O time falhou em confiar que um *reset* limparia a totalidade das configurações. Houve excesso de confiança no time. Validamos somente os valores que foram configurados pelo time. Confiamos a ponto de não fazer uma validação individual de todos os itens, incluindo parâmetros que não são padrão de sofrerem configurações mas que podiam ter sido alterados pelo cliente em seu período de testes.

Como resultado tivemos os processos de validação de configurações antes da entrega revistos e ajustados para contemplar essas verificações como forma de tentar evitar a ocorrência de novos casos.

Atualizar e desligar

Fábio Giordani

Em um determinado projeto, as alterações no ambiente computacional eram tecnicamente muito simples. Uma placa de rede (componente físico) seria adicionada em um servidor, e este seria conectado a um equipamento de armazenamento de dados de grande desempenho. Operação extremamente corriqueira e simples. Como envolve a adição de um componente físico, é necessária uma janela de manutenção com a parada do equipamento para que o trabalho seja realizado.

Sendo um cliente com operação crítica, onde a parada de sistemas e servidores para manutenção é muito difícil, o planejamento para as ações, as validações dos passos e configurações atuais, bem como as que serão aplicadas no ambiente, é um trabalho minucioso.

A agenda para realizar a manutenção é outro problema, visto que deve ser feita em um momento que cause o menor impacto possível nas soluções disponibilizadas pelo equipamento que sofrerá a manutenção. Como se trata de um sistema em uma empresa com operação nos sete dias da semana, onde os serviços são disponibilizados 24 horas por dia, qualquer pequeno período de intervenção causa impacto.

Uma janela de duas horas foi disponibilizada pelo cliente em uma madrugada onde historicamente o cliente tem baixa utilização dos sistemas. Essas duas horas eram tempo suficiente para a realização da atividade e o contorno de eventuais problemas que pudessem ocorrer, problemas estes que costumam ser muito simples e de rápida resolução, e que raramente ocorrem.

Todas as validações foram realizadas com o cliente e nenhum impedimento ou risco de grande ou médio impacto foi identificado. Versão do sistema operacional que rodava no servidor, *drivers* e *firmwares* de servidor, equipamentos de rede e equipamento de armazenamento de dados de grande desempenho, enfim, tudo correto.

Como o servidor em questão disponibilizava serviços de um fornecedor específico, com configurações customizadas para que esse software pudesse ser executado, a responsabilidade por desligar corretamente o servidor foi assumida pelo time do cliente, que possuía conhecimento da aplicação que rodava nesse servidor.

Na data acordada estava tudo certo para o início das atividades. *Backup* realizado com sucesso pelo cliente, usuários dos sistemas avisados sobre a parada, componentes e programas necessários para aplicar as atualizações disponíveis. A primeira atividade, de responsabilidade do cliente, era parar os serviços dos sistemas e desligar o servidor para que a placa de rede fosse adicionada.

Ao desligar o servidor o cliente acessa o menu e seleciona, sem dúvidas nem comentários, a opção "Atualizar e desligar". O servidor inicia o processo de atualização de vários pacotes de software que haviam sido carregados e estavam pendentes de execução no servidor. A tela passa a mostrar a mensagem "Instalando *update* 1 de 248...". Imediatamente formalizamos com o cliente o caso, pois havia grande chance de o tempo disponibilizado para a operação não ser suficiente.

Passados mais de trinta minutos, pouco mais de cinquenta *updates* haviam sido aplicados. Como o processo não pode (nem deve) ser interrompido, pois o risco é muito grande, não havia outra solução a não ser acompanhar a instalação de todos os pacotes até o final para depois continuar com a instalação da placa de rede. A janela certamente seria insuficiente.

As duas horas de janela previstas foram utilizadas somente para os *updates*. O cliente já havia avisado os usuários que teríamos um atraso para retorno das atividades, que ocorreu uma hora depois do término previsto para a janela.

14 LIÇÕES APRENDIDAS EM PROJETOS

O servidor do cliente estava há mais de um ano sem ter sofrido nenhuma atualização, informação que nem mesmo o cliente havia sinalizado durante o processo de validações.

Independentemente de a responsabilidade pelo servidor ser de uma parte ou outra, para que o projeto pudesse rodar era necessário que essa atividade ocorresse com sucesso.

A partir desse momento adicionamos em nosso roteiro questionamentos relacionados com os *updates* de sistemas operacionais pendentes para todos os servidores envolvidos no projeto, sejam eles responsabilidade do nosso time ou não.

Quando testes e inspeções no projeto falham

Mariela Aranda

Todo projeto inicia ou se materializa por meio da necessidade de alguém, seja um cliente interno ou externo à organização, ou uma necessidade da própria área. Cada um poderá trazer mais ou menos complexidade quando tratamos de comunicação, terceirização de riscos e contratações. Sabíamos, pelas linhas teóricas, que deveríamos realizar um *business case* que validasse a probabilidade técnica e econômica de sucesso, para, depois, passarmos à fase de planejamento e, assim, transitar pelas fases e áreas do conhecimento.

Um projeto de desenvolvimento de um novo equipamento (eu o considero uma inovação) estava indo sob controle em todas as suas fases, até que chegamos nos testes. Quando planejamos um projeto que tem, como fase, os testes dos projetos mecânicos e eletrônicos, é comum colocar uma duração mais conservadora, pois sempre temos algum tipo de retrabalho. Mas, assim como somos mais conservadores, nossos clientes são mais ansiosos pelo prazo, que, consequentemente, é o primeiro a ser reduzido. É a frase clássica: "cortem o prazo dos testes". Infelizmente, ninguém percebe o aumento descomunal nos riscos dessa redução de prazo automática e intuitiva.

16 LIÇÕES APRENDIDAS EM PROJETOS

Muitos problemas acontecem e irão acontecer nessa fase, especialmente pelas características de projetos "únicos e irrepetíveis". Geralmente, quando temos projetos de interface mecânica e eletrônica, os problemas ainda aumentam, seja porque a parte mecânica não contemplou espaço para cabeamento e sensores da eletrônica ou porque a parte eletrônica embarcada ficou com mais peso do que o esperado e o coeficiente de segurança de dimensionamento dos motores mecânicos não o suporta.

A questão é que, até hoje, não conseguimos encontrar uma forma de otimizar o processo de monitoramento e controle de testes nos cronogramas. Sim, podemos colocar informações paliativas, reabrir atividades que estão concluídas e reprogramar aumentando a duração, mas essa fase tão interativa tem sido um verdadeiro desafio nos projetos de desenvolvimento tecnológico *hard*. Em software, podemos falar em *Scrum* ou *Agile*, mas, em projetos de montagem de máquina, ainda temos o *waterfall* para aplicar. Podemos aplicar, sim, modelos híbridos, mas, ainda assim, temos inúmeros *loops* que se traduzem em retrabalho, perdas e aumento de custo.

Quanto a esse tipo de sintomas ou doenças, ainda não identifiquei em qual estágio da medicina de projetos se encontra, mas é fator comum e problemático em empresas *startups*, onde os custos são reduzidos e, provavelmente, onde os projetos estão vinculados a algum edital de fomento, embora as empresas com maior maturidade encontrem o mesmo problema.

Então, o que fazer? Devemos aprender a negociar prazos com os nossos clientes e, aos poucos, mudar o *mindset* de que projetos com fase de teste reduzida serão, com certeza, bem-sucedidos.

No voo das nove

Fábio Giordani

Em um projeto para um cliente, em outra cidade, um dos recursos da empresa foi indicado para fazer *shadowing* comigo, uma prática muito interessante e bem desenvolvida na empresa. Como era a primeira vez que o profissional viajaria a trabalho, ele solicitou minha ajuda para emitir as passagens e preencher corretamente o formulário do sistema de reembolso de despesas.

Nós dois trabalhamos de forma remota (*home office*) e, para este e outros tipos de atividade, costumamos marcar um horário onde ambos tenham tranquilidade para conduzir o assunto. Na data e no horário agendados, estávamos conectados em uma sessão de videoconferência para emitir os bilhetes por meio do sistema utilizado pela empresa.

O fato é que, no momento da emissão das passagens, com a minha tela compartilhada com ele, para que acompanhasse os passos para a emissão de seu bilhete de viagem, eu estava muito mais preocupado com o suporte dado e a garantia de que o processo fosse realizado por ele de forma correta do que com a emissão da minha própria passagem. Alguns minutos depois, nossos bilhetes já haviam sido emitidos com sucesso, na mesma data e horário: iríamos às seis horas da manhã e retornaríamos às nove horas da noite. Pelo menos era o que havia sido planejado.

18 LIÇÕES APRENDIDAS EM PROJETOS

Para facilitar o controle das minhas viagens, faço uso de várias funcionalidades proporcionadas pelos aplicativos de viagens, tanto das companhias aéreas como outros, de planejamento de viagens. Não tenho o costume de fazer *check-in* com muita antecipação, pois experiências anteriores me deixaram em situações não tão simples de resolver, pelo fato de o *check-in* já ter sido realizado. Dessa forma, me acostumei a fazê-lo a caminho, ou já dentro, do aeroporto.

Como a reunião do cliente era à tarde, e em Porto Alegre temos grande incidência de nevoeiros durante o inverno, embarcamos no primeiro avião disponível na data da reunião. Caso houvesse atraso para a decolagem, ainda teríamos como chegar a tempo, pois nosso destino seria alcançado em menos de duas horas de voo.

No dia, fomos brindados por um dia frio e de céu limpo. Embarque realizado no horário, voo sem percalços e no horário previsto aterrissamos no destino. Um tanto adiantados para a reunião, fomos tomar um café e esperar o outro colega, que vinha de outra cidade e tinha chegada prevista para uma hora após nosso pouso.

Eram quase nove horas da manhã quando o aplicativo da companhia aérea me ofereceu o *check-in* para o voo de volta. Estranhei, pois meu retorno seria apenas à noite. Comentei com meu colega, que teceu um comentário no sentido de que era muita antecipação da companhia aérea solicitar pelo aplicativo o *check-in* quase 12 horas antes. Então, resolvi acessar o site para confirmar meu bilhete de volta. Para minha surpresa, eu havia emitido o bilhete com horário errado para retorno: em vez de nove horas da noite, selecionei o voo das nove horas da manhã. Um simples A em vez de um P antes do M... AM/PM.

Relembrei o processo da emissão, em que falei sobre a cronologia da ida e volta, os riscos de nevoeiro, o tempo de deslocamento do aeroporto até o cliente etc. e, ao escolhermos os horários dos voos, ainda comentamos sobre pegar o último voo, já que, se a reunião terminasse antes, ainda poderíamos tentar antecipar o retorno. "Voltamos às nove", foi o que conversamos. Sim, eu havia marcado meu retorno para às nove horas – da manhã.

Como eu ainda estava no aeroporto, fui ao balcão da companhia aérea para trocar o bilhete. Devido ao fato de o *check-in* ainda não ter sido feito, reagendar o retorno foi mais simples do que o esperado. O valor das taxas de reagendamento fora mais caro que a passagem, emitida com antecedência, mas, mesmo assim, o valor total ainda era menor que o de um novo bilhete de embarque.

Bendito aplicativo da companhia aérea! Salvou-me de uma dor de cabeça e de custos ainda maiores. Saí do balcão de atendimento com o bilhete reagendado e um custo não previsto dentro do projeto: reagendamento de bilhete de voo.

Ao submeter o relatório de despesas, minha vergonha pela falha era grande. Não pelo equívoco, pois erros acontecem, mas pela natureza tão simples do erro. Não prestei atenção a um detalhe simples. No momento da seleção do retorno, estávamos conversando e ainda reforçamos que era o voo das nove horas. Foi casualidade haver um voo de retorno também às nove horas da manhã, o que causou a confusão.

O voo, pelo menos, era doméstico e com um valor não tão elevado. O projeto teve a margem de contribuição preservada, e esse custo extra não chegou a causar impacto. Um erro por pura falta de atenção, com o agravante de que o colega tinha a visão de minha tela, que estava compartilhada. A falha passou por ambos.

Quando é tarde demais para o projeto

Cintia Schoeninger

Já aconteceu com você, após uma reunião ou em uma determinada situação, sair, ir para casa e pensar: "eu deveria ter feito isso ou ter dito aquilo" e, no momento, não o fez?!

Pois é, eu também já tive várias situações e/ou momentos em que deixei passar a oportunidade de falar ou agir. Algumas vezes eu não estava preparada para dar a resposta ou para realizar a tal ação – não tinha me preparado para isso. Em outros momentos, pensei que poderia parecer "grosseira" ou autoritária, ou mesmo que minha ação poderia constranger alguém, então optei por não tomar nenhuma atitude. Pois bem, independentemente do motivo, seja esquecimento, despreparo, excesso de delicadeza ou preocupação com a opinião dos outros, falhei com o projeto.

Confesso que, em muitos momentos, devo ter confundido meu respeito à cultura organizacional das empresas com minha necessidade de transformar aquelas empresas e equipes em trabalhadores de alta performance que lidam com mudanças constantes e buscam resultados. Não queria ser muito disruptiva junto às equipes e falhei, pois permiti que comportamentos se perpetuassem e comprometessem o resultado das entregas dos projetos.

Ao perceber esses erros, entendi que o melhor para o resultado do projeto e para mim como líder do projeto é ser sempre muito clara e objetiva. Buscar, com educação, expor as fraquezas da situação do projeto, sempre citando indicadores, como, por exemplo, retrabalhos, custos, atrasos, interferências de outras áreas e pessoas. Utilizo ferramentas como mapas mentais e/ou fluxos de processos de trabalho para destacar visualmente a situação que quero abordar. Isto é, sempre antes de abordar uma situação, exponha seu entendimento através de imagens claras e objetivas, como um mapa mental e/ou fluxo de trabalho, evidenciando por que se está investindo tempo e abordando tal situação. As pessoas precisam ser acolhidas e entender os porquês das coisas. Após a apresentação e acolhimento, questione se as pessoas, assim como você, percebem a situação demonstrada no mapa mental ou fluxo. A partir desse ponto, você terá duas situações:

1. Caso digam que não visualizam a tal fraqueza que você expõe, peça que as pessoas presentes justifiquem e expliquem a você a perspectiva delas. Sempre interfira e mostre os pontos dos quais discorda. Exiba seus indicadores para mostrar a situação. Ao final, mesmo que você não tenha conseguido ser convincente, faça uma ata e/ou termo de aceite da reunião, para ter clara a documentação sobre o assunto proposto, seus indicadores, bem como os contrapontos da equipe e da empresa. Documente o processo decisório.

2. Caso a equipe e/ou empresa concorde que essa fraqueza ou situação é incômoda, proponha então que sejam avaliadas mudanças no processo ou na forma de conduzir algo. Se for, por exemplo, um processo de comunicação, estabeleça novos processos junto às demais pessoas. Documente isso em ata ou termo de aceite. Estabeleça prazos curtos para avaliar a nova proposta. Não permita que a situação se estenda por muito tempo sem uma nova reavaliação.

Caso a situação seja específica com um diretor e/ou patrocinador, não se sinta constrangido. Novamente, monte seu raciocínio com o apoio de uma ferramenta visual, aproprie-se de indicadores e agende uma conversa em particular com o diretor e/ou patrocinador. Caso ele não concorde com a sua reflexão e entenda que o modo como as coisas estão sendo feitas está correto, documente e reflita, individualmente, sobre a gravidade do fato frente à importância do seu projeto. Muitas vezes, é melhor declinar de um projeto a ficar abraçado a algo fadado ao fracasso. Avalie sua perma-

22 LIÇÕES APRENDIDAS EM PROJETOS

nência frente ao projeto. Avalie o seu risco. Mas se o seu diretor e/ou patrocinador entender que é preciso alterar seu comportamento, busque apoiá-lo e prepará-lo para lidar com a situação de mudança. Lembre-se de que você é o líder do projeto e que deve zelar pela entrega do produto do projeto, mas também tem grande responsabilidade pela entrega de benefícios que vão além do produto do projeto: visão sistêmica e de gestão – enfim, uma equipe de alta performance, que planeja e entrega resultados para as empresas, em um mundo dinâmico e de rápidas mudanças.

FALHAS DE COMUNICAÇÃO

Melhor comunicar ou gerar conhecimento?

Leandro Vignochi

Comunicação é a única área de conhecimento que o gerente de projetos não pode terceirizar. Portanto, se você não se comunicar, não poderá gerenciar projetos. Mas, afinal, o que é comunicação? Qual a sua essência e seus princípios? Bem, a comunicação apresenta apenas os seguintes componentes: emissor, meio, mensagem, receptor e, se você quiser se certificar de que foi compreendido, tem o *feedback*. Tudo muito pragmático e óbvio, em um primeiro momento. Então por que a comunicação sempre é listada como o problema mais frequente em projetos?

Na pesquisa do PMSURVEY.ORG de 2013, organizada voluntariamente pelos *chapters* do PMI (*Project Management Institute*), a comunicação atingiu o percentual de 63% como o problema mais frequente em projetos.

Como se não bastasse, a tabela a seguir demonstra a comunicação como principal deficiência dos gerentes de projetos:

Principais deficiências dos gerentes de projetos nas organizações	2007	2008	2009	2010	2011	2012	2013
Comunicação	**53,0%** (1º)	**47,0%** (1º)	**50,0%** (1º)	**53,8%** (1º)	**41,4%** (1º)	**41,8%** (1º)	**42,2%** (1º)
Gerenciamento de conflitos	42,0% (2º)	41,0% (2º)	36,0% (2º)	42,6% (2º)	33,8% (2º)	33,9% (2º)	34,5% (2º)
Conhecimento em gerenciamento de projetos	34,0% (4º)	38,0% (3º)	34,0% (3º)	28,2% (4º)	32,7% (4º)	32,9% (3º)	32,1% (3º)
Capacidade de integrar as partes	35,0% (3º)	36,0% (4º)	29,0% (4º)	35,0% (3º)	30,0% (5º)	28,3% (5º)	27,4% (4º)
Domínio de ferramentas em gestão de projetos*	----	----	----	----	32,9% (3º)	31,7% (4º)	26,8% (5º)
Negociação	32,0% (5º)	29,0% (5º)	23,0% (6º)	23,0% (6º)	25,4% (6º)	24,3% (7º)	25,2% (6º)
Liderança	27,0% (6º)	23,0% (7º)	20,0% (8º)	21,8% (7º)	23,6% (7º)	24,6% (6º)	23,8% (7º)
Iniciativa	15,0% (11º)	15,0% (11º)	15,0% (10º)	11,1% (12º)	15,7% (10º)	16,2% (10º)	21,1% (8º)
* Este item passou a constar somente a partir do *Benchmarking* em GP de 2011.							

Principais deficiências dos gestores de projetos nas organizações. Fonte: Estudos de Benchmarking (2007), Estudos de Benchmarking (2008), Estudos de Benchmarking (2009), Estudos de Benchmarking (2010), Estudos de Benchmarking (2011), Estudos de Benchmarking (2012), Estudos de Benchmarking (2013). Extraído de Revista Especialize On-line IPOG 9.ed., n. 10, vol. 01. Goiânia, jul. 2015.

Considerando toda essa análise, lembro-me de um erro que cometi inúmeras vezes na comunicação dos projetos: pensar que comunicar é fazer relatórios do projeto. De fato, entendo que a comunicação é uma simples ferramenta. Se você falar sem propriedade, está se comunicando, se falar com propriedade, também estará se comunicando, porém com algo que aponta para outra linha de raciocínio: "comunicação com qualidade é aquela que agrega informação e conhecimento na visão do receptor".

Gerencie a comunicação do seu projeto considerando que, somente através de um projeto bem estruturado, com os métodos adequados, teremos uma informação

26 LIÇÕES APRENDIDAS EM PROJETOS

de qualidade para ser transferida. Jamais esqueça que, somente com a análise e o entendimento dos limites do receptor, podemos transformar a informação em conhecimento. Utilize os princípios da comunicação para permear sua mensagem com valor agregado.

Para esse raciocínio se concretizar, é fundamental seguir as diretrizes básicas da comunicação e ir muito além, sempre lembrando que por trás da comunicação existem diferentes tipos de receptores com características distintas de compreensão. Então não cometa o mesmo erro que eu cometi ao pensar que a tabela de apresentação de cronograma físico-financeiro ou o desempenho do projeto suscitaria a mesma interpretação e o mesmo interesse em todos os envolvidos. Entenda os receptores, comunique pela percepção e gere conhecimento com qualidade.

Pergunte ao Sr. Projeto

Leandro Vignochi

Todos os momentos de processo decisório, de definição de atividades e estabelecimento de diretrizes resumem-se à escolha dialógica entre certo e errado, uma realidade pertinente ao ambiente cotidiano do gerenciamento de projetos. O que não podemos é internalizar o "medo de errar", a ponto de torná-lo nosso maior inimigo. O bom e velho erro sempre estará presente, atormentando não apenas o projeto, mas, principalmente, a visibilidade que uma escolha errada causa na nossa vida profissional e até mesmo social.

Lembro-me de um projeto no qual cometi o erro de não ser suficientemente franco, por medo de ser mal interpretado e perder a confiança e o respeito que o patrocinador me dedicava. Enfim, não falei o que pensava de forma direta e clara, por medo de cometer um erro que afetaria minha condição de gerente do projeto.

Lógico que eu me dei bem, afinal ser bonzinho e agradável é muito fácil. Mas... e quanto ao projeto?

Também é lógico que foi prejudicado – nesse caso, a curto prazo. Tudo isso ocorreu pelo fato de eu ter ficado com medo de atuar de maneira competente quando precisei interferir junto ao patrocinador. Eu devia tê-lo alertado sobre a sua incompetência quando insistia em interferir nas atividades de operação do projeto a ponto de se tornar impertinente e totalmente desalinhado com a gestão do projeto, hábito

28 LIÇÕES APRENDIDAS EM PROJETOS

comum em empreendedores que não subiram para o nível de empresários e ainda continuam apaixonados por processos e operações.

Bem, baseado nessa experiência desastrosa, defini uma diretriz em meus projetos: "meus interesses pessoais nunca estão acima dos interesses do projeto".

Quando tenho alguma dúvida sobre como proceder, resgato o princípio de atender aos interesses do projeto: imagino o projeto como uma pessoa e pergunto a ele o que ele gostaria que eu fizesse. Então fica tudo muito claro.

Dessa forma, fico tranquilo comigo mesmo quando assumo o fato de que ser odiado nos projetos não é meu desejo, assim como ser amado nos projetos não é minha prioridade. O correto é atender às necessidades do meu grande amigo imaginário... o projeto.

Imagine se eu tivesse perguntado ao sr. Projeto se deveria ter sido franco para não o prejudicar ou ameno e agradável para não me prejudicar? Qual seria a sua resposta? Parece simples... e realmente é, desde que você tenha uma estrutura de pensamento simples e coerente para momentos de indecisão.

Comunicação efetiva

Cintia Schoeninger

Venho trabalhando em projetos em que as diversas partes interessadas possuem diferentes formações, níveis de escolaridade, classes sociais e culturas. Quando seus projetos possuem equipes e partes interessadas mais homogêneas, entendo que a gestão da comunicação pode ser menos estruturada.

Contudo, quando se trabalha com equipes heterogêneas, você deve investir em um preparo mais complexo da gestão da comunicação, planejando a estrutura, as ferramentas e linguagens de comunicação dentro do seu plano.

Muitos projetos exigem que você trabalhe com partes interessadas bastante diferentes, então você terá que investir tempo no preparo de artefatos de comunicação diferentes e de linguagens diversificadas.

Menciono exemplos que ilustram a temática desta crônica: fiz um relatório de projeto para um empreendedor de uma empresa e levei trinta minutos para expor os indicadores.

Contudo, nos vinte minutos iniciais, percebi que ele estava sonolento. Perguntei-me como isso poderia ter acontecido, se chegou à sala em um ritmo acelerado e falou em tom de voz alta e limpa? Pois bem, ao sentar à mesa de reunião, notei que ele não se fixava naquelas informações sobre os indicadores. A cabeça dele estava longe. A forma que eu utilizei para a comunicação não estava adequada.

30 LIÇÕES APRENDIDAS EM PROJETOS

O local da reunião também não era o adequado. Essa minha comunicação não estava efetiva e não deveria se repetir. Eu tinha que encontrar outra forma de me comunicar com ele.

Para nós, é fácil e inteligível a utilização de termos como "riscos" e "escopo", mas, para a equipe do projeto, essas palavras podem ser complexas. Da mesma forma, pode ser que você, leitor, desconheça o significado de EAP (Estrutura Analítica do Projeto, isto é, dividir o seu projeto em fases e subfases para tornar mais fáceis a decomposição, o monitoramento e o controle das suas atividades).

Dentro da comunidade de gerenciamento de projetos, o uso de termos específicos é possível, mas, nos seus projetos, procure sempre retirar expressões técnicas e substituí-las por palavras que sejam compreensíveis a todas as partes interessadas. Não crie mais problemas à comunicação utilizando uma linguagem que apenas você e mais uma ou duas pessoas da equipe compreendem. Utilize expressões que possam ser mais gerais – não afaste as pessoas de você exibindo seu conhecimento técnico. Isso definitivamente não vai ajudá-lo. Lição aprendida.

Invista seu tempo em avaliar as partes interessadas, em criar formas de comunicação adequadas para cada tipo de indivíduo, eduque-se para falar, evite termos técnicos, não use frases negativas e desmotivadoras, como, por exemplo: "nossa, que ideia estranha!". Você pode afastar os indivíduos do projeto, inibindo sua participação e fazendo-os se sentir excluídos, se sua postura parecer arrogante e sua comunicação for muito técnica.

Outro fator importante é enunciar uma rápida lição aprendida após cada evento de comunicação do seu projeto. Faça, junto aos seus principais especialistas, uma avaliação dos pontos positivos e a melhorar na sua comunicação.

Aproveite esse momento para ouvir e aprender com os seus especialistas o que pode ser aperfeiçoado e o que deve ser repetido, pois se mostrou eficaz. Prepare seus especialistas para que, durante a reunião, observem os comportamentos dos demais envolvidos, de modo que, após a reunião, seja mais promissora a avaliação dos pontos positivos e a melhorar.

A comunicação não se faz apenas por meio de palavras, no momento da reunião. Avalie o ambiente onde a reunião aconteceu, avalie o horário e o tempo da sua reunião, avalie se todas as pessoas necessárias para o processo decisório da sua pauta estavam convocadas e presentes na reunião.

Avalie a forma como você apresentou os assuntos e disponibilizou a pauta com antecedência para que todos soubessem sua função na comunicação e qual a saída dessa comunicação. Avalie se você preparou bem, com antecedência, os objetivos da reunião e as saídas desta. Invista tempo em preparar a reunião e a sua equipe para atuar nela. Avalie se você se comunicou com as pessoas corretamente. Não espere que os outros adivinhem o que você pretende. Seja explícito ao preparar uma comunicação.

Lembre-se: a comunicação deve ser efetiva. Avalie as partes interessadas desenvolvendo comunicações efetivas, pois você é o gerente do projeto, o orquestrador, o facilitador do projeto.

Não conte histórias ou crônicas, gere indicadores

Cintia Schoeninger

Quantas histórias eu contei e quantas ouvi. Histórias e suas versões. Recorri ao dicionário para fornecer com exatidão o conceito de "história" para você. Segundo o dicionário, "história" pode ser um gênero narrativo de ficção, ou seja, fatos e ações que não são verídicos, mas criados, imaginados.

Ops... não quero dizer que todas as histórias são fatos inverídicos. Algumas são totalmente verídicas. Então fui buscar a palavra correta. Achei o termo "crônica", o qual, segundo o dicionário, refere-se a uma narrativa histórica que expõe os fatos seguindo uma ordem cronológica. A palavra "crônica" deriva do grego "chronos", que significa "tempo".

Pois bem, quando estamos conduzindo projetos, o que mais ouvimos são crônicas. Não entregamos uma atividade porque naquele dia aconteceu tal coisa, o cliente solicitou tal coisa, o meu chefe me pediu tal informação... e, assim, vão os fatos sendo lançados na mesa, em ordem cronológica. Como eu sempre digo, escuto e entendo perfeitamente, mas não cabem crônicas no meu projeto. O projeto precisa de entregas e qualidade. Crônicas em projetos não agregam nada. São apenas crônicas e suas versões. Ah, sim, sempre escuto versões da mesma crônica. Afinal, nem sempre as pessoas percebem os mesmos fatos e/ou na mesma ordem cronológica – aí o fato vira versão.

Não permita que o seu projeto seja conduzido ou justificado por crônicas, gere indicadores. Indicadores são mais objetivos; não geram dualidade e versões. Por exemplo, gere indicadores da presença em reuniões, de atrasos em reuniões, de acesso ao celular e de saídas no meio da reunião para atender a telefonemas. Esse indicador falará sobre o comprometimento e a importância do projeto para o indivíduo. Caso o indivíduo se ausente, falte e/ou chegue atrasado, é um indicador claro para a gestão de que ele não está comprometido e envolvido com o projeto. O projeto não é importante para ele. Tudo é mais importante do que o projeto, independentemente da crônica que ele vai contar. A partir da coleta desse indicador, tome uma ação.

Outros indicadores de gestão importantes são os de prazo e qualidade das entregas dos indivíduos. Se o indivíduo entrega suas atividades com atraso e/ou com baixa qualidade, isto é, constata-se que sempre falta um pedaço da entrega ou que precisa refazer uma entrega (retrabalhar), gere o indicador de desempenho do indivíduo. Lembre-se de que, no caso de tratar-se de entrega e qualidade de tarefas, você, gerente de projetos, tem um papel importante: verificar o andamento das entregas e sua qualidade antes do prazo final da entrega. Você, gerente de projetos, é responsável por verificar se o indivíduo entendeu de fato a solicitação de que o projeto precisa. Certifique-se de que a pessoa entendeu de fato o que é para fazer e com que qualidade você deseja a entrega. Invista tempo nisso, pois, caso não o faça, a probabilidade de retrabalho é alta.

A comunicação é sua, logo, certifique-se de que o outro entendeu o que você ou seu especialista no projeto solicitou. Use a técnica na qual o indivíduo deve explicar sua tarefa para que você verifique o entendimento dele quanto a sua solicitação. Depois disso, você fará verificações de entrega ao longo do tempo para a sua execução. Por exemplo: trata-se de uma tarefa de duas semanas. Então, na primeira metade da primeira semana, você verifica se o indivíduo já iniciou o trabalho. Caso ele não tenha realizado nada, cuidado, ele vai contar uma crônica na entrega. Faça outra verificação de entrega na segunda metade de primeira semana. Entenda se ele realizou 50% da atividade, visto que 50% do tempo já se passou. Caso 50% da atividade não tenha sido desenvolvida, novamente: sinal de alerta, ele vai contar uma crônica. Se você percebe que o indivíduo sempre deixa tudo para a última hora e, consequen-

34 LIÇÕES APRENDIDAS EM PROJETOS

temente, realiza a entrega de modo falho ou fora do prazo, você tem novamente um indicador de comportamento desse indivíduo. Para ele, tudo é mais importante que o seu projeto.

E, novamente, eu digo: as crônicas são narrativas verdadeiras – nem estou dizendo que a pessoa agiu de má-fé para com o seu projeto. As coisas de fato aconteceram, mas o meu projeto não espera. Eu não posso permitir falhas nas entregas, pois o meu projeto estará fadado ao fracasso. Caso o seu recurso queira de fato participar do projeto, vocês juntos vão encontrar formas de mitigar as interferências. Mas se o indivíduo usar essas interferências para não realizar sua tarefa, então você terá que buscar alternativas diante desse risco.

Não permita que histórias e crônicas guiem a condução do seu projeto. Use indicadores e trate-os segundo a gestão de riscos. Assim, a condução do seu projeto se tornará clara, simples e justa aos olhos dos envolvidos. A regra é a mesma para diretores e funcionários.

Esperar o reconhecimento

Leandro Vignochi

Esperar o reconhecimento pelo trabalho bem executado foi algo que pensei ser um padrão no gerenciamento de projetos. Infeliz engano.

Recordo especificamente de um projeto que era destinado à abertura de uma unidade industrial em uma pequena cidade próxima de Porto Alegre, um trabalho delicioso que poderia trazer oportunidades para a região se desenvolver. Mais uma vez, lá estava eu gerenciando o projeto desde a proposta de viabilidade até a decisão de fazer ou declinar. Esses eram meus limites no projeto: deveria entregar o estudo e a análise de viabilidade, nada de construir prédios ou adquirir equipamentos, apenas definir com propriedade se seguiríamos ou não, uma responsabilidade que colocava muitos interesses em jogo. Porém, meu único e exclusivo propósito era o jogo da verdade. Foi um trabalho de análise e definição de requisitos nos mínimos detalhes que me custou tempo, muita ponderação nos processos decisórios, reuniões, aprendizado com vários especialistas e viagens, nossa... muita quilometragem.

Ao final, detectou-se que o empreendimento não era viável por um motivo inimaginável até aquele momento: a demanda de energia para um dos processos de manufatura do produto. Resumindo, não tínhamos uma rede de distribuição elétrica adequada. Poderíamos readequar, terceirizar? Claro que sim! Mas aí seria outro projeto, inviável perante as opções que tínhamos.

36 LIÇÕES APRENDIDAS EM PROJETOS

Imagine o reconhecimento que tive dos envolvidos que viam uma oportunidade para o desenvolvimento da região quando provei que não era possível seguir em frente... mas isso não me incomodava, pois eles não tinham a compreensão do trabalho e do esforço para chegar a essa decisão. O que mais me surpreendeu foi a falta de reconhecimento do profissional que me contratou e da equipe interna do projeto. Nada de parabéns ou tapinha nas costas; o máximo que ouvi foi um: "... pois é... ainda bem que vimos agora...".

Mesmo convicto do sucesso do projeto, senti-me extremamente incomodado com aquela situação. Refleti com mais tranquilidade e percebi que havia cometido um erro clássico: esqueci-me da comunicação necessária para um projeto com essas características, uma vez que foquei em fazer e não em comunicar, a ponto de a equipe pensar que minha descoberta foi resultado de pura sorte.

Deveria ter estruturado uma maneira de divulgar as agruras e dificuldades pelas quais passei para chegar àquela conclusão; ter demonstrado etapa a etapa, enfatizando como foi complexo e difícil buscar as informações e interligá-las com um propósito de análise de riscos; deveria ter dado um valor financeiro para cada problema que descobríamos antes de tomar uma decisão; e demonstrado, com clareza, o quanto perderíamos se não tivéssemos visto o erro na fase de planejamento. Deveria ter mostrado com painéis, apresentações e gráficos o custo do erro caso este fosse encontrado somente na execução. Foi um belo aprendizado. Hoje, trato a valorização e a comunicação do trabalho como uma grande entrega de todos os projetos; estimulo a disseminação e o reconhecimento das realizações que auxiliaram na busca pela melhor decisão.

Acredito que está aí um grande desafio e oportunidade: comunicar e deixar claro que o sucesso do projeto está no esforço de gerenciar com ciência e técnica. E ser reconhecido por isso.

De outra forma, é provável que todos considerem muito fácil gerenciar projetos e acreditem que seu sucesso depende de sorte ou azar.

Gerente de projetos ou administrador de egos?

Mariela Aranda

No *PMBOK Guide*, encontramos as fortalezas e fraquezas de trabalhar nas diferentes estruturas organizacionais. Entendemos e concordamos que trabalhar em uma estrutura projetizada é o mais adequado para poder gerenciar projetos com uma equipe dedicada ao projeto. A alocação de recursos também parece ser resolvida com esse tipo de estrutura matricial, pois trabalha-se em projetos, o que podemos comparar com produção por demanda. Quando chega um novo projeto, o gerenciamos, entregamos e vamos para o próximo.

Muitas empresas têm esse "privilégio", mas a grande maioria das mais tradicionais está inserida em uma estrutura hierárquica funcional ou matricial fraca, com uma composição forte de gerentes, supervisores, analistas e assim por diante. Nesse tipo de estrutura, encontramos todas as dificuldades de comunicação e gestão por departamentos, ambiente considerado hostil para projetos. Por que consideramos esse ambiente hostil? Porque é nele que o resultado do projeto é menos importante que os interesses individuais dos departamentos, sendo um fator adicional de problemas para compartilhar recursos, tomar decisões e administrar o poder na escala hierárquica acima do gerente de projetos.

38 LIÇÕES APRENDIDAS EM PROJETOS

O gerente de projetos responde a mais de um gerente funcional – e quando se tem mais de um chefe (nem falo em líder) as decisões rebotam como bolinhas de tênis na linha hierárquica imaginária acima da supervisão.

Administrar os egos na linha imaginária acima da supervisão é digno de um estrategista. Precisamos de habilidades de lobistas nos líderes de projetos, onde gerar bons relacionamentos e um canal de confiança pode ser um trabalho exaustivo quando nosso gerente de projetos está conduzindo mais de um projeto ao mesmo tempo. A matemática diz que um gerente de projetos pode gerenciar um projeto complexo e dois mais simples, porém, e se o grau de complexidade não está na parte técnica, mas na geração de redes de relacionamentos que nos permitam navegar entre as linhas imaginárias do ego e do propósito individual?

Desconheço projetos nos quais o conflito de interesses individuais sobre a organização não tenha se manifestado, e não será um fator que poderemos eliminar no decorrer do projeto, pois faz parte da nossa cultura. Logo, como gerentes de projetos, só podemos nos preparar para sermos administradores de egos e de conflitos nos projetos que conduziremos em nossa carreira.

O gerente de projetos precisa, cada vez mais, de *soft skills* para conduzir o projeto, e o mercado ainda solicita habilidades e conhecimento puramente técnico. Há mudanças, mas só o conhecimento *hard* não tratará o resultado esperado pela organização. Saber lidar com o poder acima de nossas linhas imaginárias poderá ser um fator decisivo de *go-no-go* do projeto e do resultado.

PROBLEMAS COMPORTAMENTAIS

Herói solitário

Leandro Vignochi

Quando comecei a aplicar o gerenciamento de projetos, fui chamado para trabalhar em uma organização que integrava um grupo de renome mundialmente conhecido. Fiquei tão deslumbrado que me considerei um grande desbravador: faria a diferença e poderia erguer a bandeira do gerenciamento de projetos como um herói que sai à frente no campo de batalha.

Bem... aí veio a realidade. Percebi que heróis não vencem batalhas, apenas realizam um esforço descomunal para fazer a diferença e, normalmente, morrem no final. Após alguns meses de trabalho tentando aplicar o gerenciamento de projetos nos setores, passei a ser um herói solitário – ou pior, nem mais herói eu era: fui taxado de todo tipo de apelido depreciativo. Lembro-me de alguns: chato dos projetos, gerente de cronograma. O mais criativo que ouvi foi motorista de MS-Project. Que dureza! Mas fui eu que errei, ao não ter desenvolvido uma preparação do terreno para iniciar a proposta de gerenciar os projetos. Imaginei que todos estariam aderentes a uma forma de pensar tão magnífica que faria com que planejássemos mais e errássemos menos. Veja só, pensei uma coisa e fiz outra completamente diferente: saí fazendo gerenciamento de projetos com o livro do *PMBOK® Guide* embaixo do braço e não planejei o projeto de estruturação da metodologia de gerenciamento de projetos.

Paguei um preço alto pela minha falta de habilidade e excesso de vontade. Tive de retroceder, me encolher em setores específicos com alguns profissionais que estavam iniciando na empresa, em pequenos projetos, oferecendo ajuda em doses homeopáticas, para que, com o passar do tempo, os profissionais envolvidos chegassem à conclusão de que gerenciar por meio de projetos traz valor agregado e não apenas uma enormidade de processos e diretrizes. Foi uma lenta e árdua caminhada para construir uma rede de relacionamentos sólida.

Passados seis meses, os ânimos estavam mais calmos e havia pessoas aderentes à minha proposta. Porém, para não cometer o mesmo erro, continuei a introduzir o gerenciamento de projetos por etapas, em grupos menores, com projetos específicos distribuídos em várias áreas, como produção, marketing, engenharia do produto e recursos humanos. Aos poucos, passei a fazer parte de uma equipe aderente, a qual se transformou em um grupo que me auxiliava na missão pacificadora de reconstrução da proposta de gerenciamento de projetos.

De fato, o erro custou-me quase um ano de atraso na implantação da gestão de projetos. Retomamos, considerando as limitações de toda equipe, principalmente as minhas, analisamos as características das áreas envolvidas, as particularidades dos projetos e criamos metodologias distintas com pequenas variáveis que se adequassem melhor a cada área.

Hoje tenho convicção de que qualquer mudança que envolva uma nova proposta de trabalho deve ser, primeiramente, tratada como um projeto e necessariamente deve possuir uma etapa de diagnóstico que nos auxilie a entender a cultura, a maturidade e a aderência da organização para o gerenciamento de projetos.

Pois é... heróis solitários não vencem batalhas. Aprendi que batalhas são vencidas por exércitos.

Sobreviver até que limite?

Leandro Vignochi

Charles Robert Darwin foi um naturalista britânico que alcançou fama ao convencer a comunidade científica da ocorrência da evolução e propor uma teoria para explicá-la por meio da seleção natural e sexual. Entre as frases de Darwin, existe uma que, eventualmente, ouço dos passivamente adaptados a suas rotinas de trabalho:

"Não é o mais forte que sobrevive, nem o mais inteligente, mas o que se adapta melhor às mudanças".

Compreendo que é mais confortável ser maleável. Já fui extremamente adepto dessa proposta, mas mudei de ideia. No início da minha carreira, gerenciava projetos sempre ponderando minhas decisões e posições, respeitando a hierarquia da organização para me adaptar e sobreviver na companhia como um empregado bem-sucedido, em detrimento de ser um gerente de projetos bem-sucedido. Afinal, para que me indispor se a manutenção do meu trabalho estava acima dos interesses do projeto? Eu estava sobrevivendo, adaptando-me, a ponto de não me reconhecer naquilo que eu fazia. Até que, em certo projeto, a minha tendência ao conformismo e à adaptação quase colocou em risco o emprego de pessoas envolvidas com o produto do projeto.

Compreendi que projetos afundam como os navios, mas é a equipe do projeto, assim como a tripulação de uma embarcação, que tem a probabilidade de se afogar.

Percebi que nem tudo valia a pena para que eu sobrevivesse na empresa. Após essa constatação, defini um posicionamento que ainda gera muita discussão e controvérsias junto aos meus colegas de trabalho:

— Brigar sempre, desde que valha a pena... para o projeto.

Claro que não estou falando em ir para as vias de fato com agressões físicas, e, sim, de nos posicionarmos com tranquilidade, firmeza e polidez perante qualquer situação que prejudique o projeto e, por consequência, a equipe do projeto, levando em conta que meus interesses pessoais ou o poder hierárquico das organizações nunca estão acima dos interesses do projeto.

Foi uma grande virada positiva! Para defender os projetos tive que planejar, acompanhar com mais esforço e afinco, e entender para poder brigar com firmeza e propriedade. Decidi que pararia de sobreviver no emprego e comecei a viver nos projetos, com riscos, desafios, medos, derrotas e vitórias. Reconquistei a minha natureza e passei a ser autor de minha vida profissional, com o propósito de gerenciar projetos que deixassem um legado positivo, desenvolvendo aquilo que fazia de mim um bom gerente de projetos.

De forma alguma questionarei a teoria da evolução de Darwin, mas é claro que a evolução dos seres e o ambiente profissional têm suas particularidades distintas. Compartilho a colocação do filósofo Mario Sergio Cortella, quando afirma que "Temos de trabalhar! Podemos fazê-lo por mera obtenção da sobrevivência ou também como um modo de marcar a sua presença no mundo". Eu estava à frente de uma causa, representada por um projeto que seria medido pelo sucesso ou fracasso e, por algum motivo, tive a oportunidade de perceber o meu erro antes que ele fosse percebido por outros. É provável que você não tenha a mesma sorte, mas se ainda assim seu objetivo for sobreviver no emprego, não se envolva com gerenciamento de projetos, apenas se adapte e sobreviva em outra proposta de trabalho.

Comece certo ou não faça

Leandro Vignochi

Tenha cuidado com o canto da sereia!

Em certa oportunidade, entrei em um projeto com toda a gana de fazer um excelente negócio, o qual me daria visibilidade e resultado financeiro. Por estar enfeitiçado, deixei de lado as boas e velhas práticas de gerenciamento de projetos, um erro imensurável. Fiz exatamente o que odeio que façam comigo: prometer coisas sem ter a certeza de que é possível realizar.

Quanto ao fato de ganhar dinheiro com o negócio, doce esperança... só não fali porque já tinha um nome relativamente bom no mercado e aquele projeto foi entregue com qualidade, proporcionando muita visibilidade para novas oportunidades. Porém, obtive um resultado financeiro abaixo das expectativas iniciais.

Foi uma lição difícil, que fez com que eu retornasse aos conceitos básicos e resgatasse a essência de um bom gerenciamento de projetos: "fazer de tudo para que o projeto não dê errado", um conceito totalmente diferente da proposta "fazer de tudo para o projeto dar certo". E é por isso que, atualmente, invisto em um diagnóstico de preparação executado com técnica e propriedade, através de um modelo de questionário que me auxilia a definir três pontos fundamentais: expectativas do projeto na visão do patrocinador, análise de competências técnicas e comportamentais da equipe do projeto e, por fim, mapeamento do poder de decisão e interesse dos gestores táticos/estratégicos, principalmente daqueles que medirão o meu trabalho e me pagarão.

Faço isso por minha própria conta e risco, em todos os projetos, sem exceção, para que eu realmente entenda o projeto além da técnica e saiba onde estou me metendo, a ponto de definir se entro no jogo ou desisto do projeto – e, acredite, não são raras as vezes em que declino do trabalho com muita tranquilidade, pois estou convicto de que o correto é investir no único tempo sobre o qual tenho propriedade... o presente! Chega de transferir frustrações para o futuro. Entendo que franqueza e objetividade são um grande benefício para ambas as partes: cliente e fornecedor. Afinal, se não for dessa maneira, estaremos trabalhando com promessas inatingíveis também chamadas de mentiras, que não podem ser administradas com boas práticas ou metodologias de gerenciamento de projetos. Então, basta de prometer para assumir negócios. É imprescindível eliminarmos as frases: "depois a gente vê" ou "na hora a gente resolve".

Já passou da hora de todos criarmos um hábito correto e ético, utilizando o gerenciamento de projetos para aquilo que ele se propõe... falar a verdade com o máximo de propriedade e certeza possível, sem enganação, sem termos pomposos ou apresentação de boas práticas somente no discurso. Nossas diretrizes devem ser simples: clareza, propriedade e verdade, doa a quem doer. De fato, no início dói muito investir tempo e dinheiro para dizer que você não quer fazer parte do projeto. Mas se não for dessa forma não entro no projeto, por um simples motivo: não quero fazer de conta que gerencio projetos, comprometendo meu trabalho, minha reputação e o dinheiro que levo para casa.

O raciocínio é muito simples: comece certo... ou não faça.

Emoção e razão

Leandro Vignochi

Existem projetos que são mais desafiadores no que diz respeito à aplicação da lógica perante a emoção: são os projetos do terceiro setor ou projetos sociais.

Recentemente fui convidado a auxiliar um projeto social em uma comunidade da Serra Gaúcha, que envolvia segmentos da iniciativa privada, pública e representantes da comunidade. Quando comecei a reunião de planejamento do projeto utilizando a gestão visual com painéis na parede, vieram à tona as mágoas, as interpretações e a boa e velha comunicação truncada. O evento de planejamento virou um muro das lamentações e ressentimentos. Nunca vi tanta vitimização e busca de culpados, confesso que fiquei atordoado em alguns momentos. Brinquei com os meus pensamentos e disse a mim mesmo:

— Meu Deus! Se continuar assim, vou me jogar pela janela.

E olha que estávamos no sexto andar... porém, antes de tomar essa atitude, refleti sobre qual era o meu erro. Afinal, se eu estava criticando a vitimização, não poderia me colocar como vítima atrás de culpados, até porque estava atuando como gerente do projeto mesmo sem os participantes saberem. Então percebi que este foi meu primeiro erro: não ter me identificado como um profissional que atua com planejamento. Resolvi então chamar a atenção dos participantes e perguntei em alto e bom som:

— Alguém nessa sala consegue mudar o passado? Ou prever o futuro?

Após alguns segundos sem nenhuma resposta, continuei e pedi encarecidamente que todos se posicionassem no único tempo que todos tinham propriedade e começássemos a nos dedicar em planejar no presente para não transferirmos frustações para o futuro, mantendo o foco no planejamento das ações. A partir dessa fala o planejamento começou a tomar forma, porém foram quarenta minutos até reiniciarmos as lamentações e busca de culpados, e novamente coloquei uma pergunta de efeito para o grupo:

— Não estou nem aí com vocês, o meu objetivo é fazer o que for melhor para o projeto, e vocês? Preferem ajudar o projeto ou remoer mágoas e guardar rancores?

Ainda bem que todas as pessoas que estavam na reunião eram de boa índole e engajados na causa, de outra forma eu seria expulso da sala. De qualquer forma, consegui a atenção de todos. Expliquei com muita calma e paciência que quando pensamos o que é melhor para o projeto, estamos pensando no que é melhor para os envolvidos no projeto. Consegui voltar a atenção de todos para o planejamento por mais uma hora, o suficiente para encerrar aquela etapa do projeto com qualidade.

Passei a iniciar todas as reuniões do projeto perguntando quem gostaria de ser fornecedor de soluções e quem gostaria de ser cliente de problemas, para eliminar as lamúrias desde o início.

É impossível ter certeza do sucesso do projeto antes de terminá-lo, mas posso garantir que a primeira fase está indo muito bem, com reuniões claras e objetivas, e uma equipe integrada no caminho certo.

Linha cruzada: as interferências que acabam com o seu projeto

Cintia Schoeninger

Preciso refletir sobre o que chamo de linhas cruzadas. Durante a execução dos projetos, temos várias pessoas envolvidas na condução de atividades. Muitas dessas atividades são dependentes umas das outras. Isto é, um indivíduo trabalha na atividade A e a saída da atividade A é entrada para a atividade B. O papel dos envolvidos nas atividades A e B deve estar claro. O que ocorre é que algumas pessoas externas às atividades costumam tentar interferir na sua execução. E, com isso, criam-se atividades paralelas, conflitos e retrabalhos.

Vou dar um exemplo para ilustrar o que quero discutir. Um membro da equipe está trabalhando em determinada atividade e surge uma dúvida ou questionamento. Ele busca auxílio da pessoa mais indicada dentro do projeto: seu par nessa atividade. Mas, por algum motivo, o seu par naquele momento não está disponível. Então o responsável busca repartir sua dúvida com outras pessoas fora do fluxo de comunicação, criando uma necessidade de resolução de problema emergencial – sendo que, muitas vezes, não é. Essa situação pode ocorrer por ansiedade ou até má-fé, quando repetida de forma sistemática.

Note os problemas criados por essa situação:

1. Pessoas fora do fluxo de comunicação passam a realizar definições ou ações, sem visão holística do projeto. Além disso, são pessoas sem responsabilidade perante o projeto.

2. A pessoa destinada ao fluxo retoma o processo e executa em paralelo sua ação. Então, nesse momento, temos no mínimo – para este meu exemplo – duas pessoas dedicadas à mesma situação. Qual a chance de não haver convergência essas ações paralelas? Enorme. Imagine o custo de duas pessoas executando ações paralelamente. Por parte de outras pessoas interessadas, percepção da perda de controle pela equipe do projeto. Você nota a gravidade desses pontos?

3. Há ainda outra situação, na qual a pessoa que não deveria ter sido envolvida no processo, pois não está definida no fluxo de atividades, toma decisões e define o processo. Geralmente, nesses casos, essas pessoas são os gerentes funcionais e/ou diretores que, pelo seu posto hierárquico, tomam decisões que não são aderentes ao projeto. Exemplo: o diretor financeiro define uma aquisição pelo preço e não pelas funcionalidades da aquisição. Essas interferências e linhas cruzadas acabam com o seu projeto.

Muitas vezes, quando a pessoa externa ao projeto interfere e "resolve" dada situação, é vista como "super-herói"; mas, logo ali adiante, vê-se que ela criou um conjunto de problemas que o projeto precisará resolver e, em vários casos, a decisão do terceiro envolvido prejudicou e muito o andamento do projeto. Mas, lembre-se, ele não está mais envolvido e aparentemente resolveu o problema situacional que ocorreu anteriormente.

Esse é um problema comportamental e, portanto, precisa ser tratado de forma explícita dentro do seu projeto. Invista tempo junto à equipe para que ela entenda a gravidade dessa situação e sinalize quando identificar tal ocorrência no andamento do projeto. Novamente, o gerente do projeto precisa ser claro e objetivo com a sua equipe. Invista tempo no organograma do seu projeto, nos papéis e nas responsabilidades das pessoas envolvidas.

Defina critérios para envolver pessoas na sua equipe de trabalho. Lembre-se, não queremos "super-heróis" apagando incêndios. Queremos uma equipe de alta

50 LIÇÕES APRENDIDAS EM PROJETOS

performance que não permita incêndios. É aí que está o valor da gestão de projetos: mitigue e/ou reduza os riscos de os incêndios acontecerem. Defina e explique papéis, responsabilidades e autonomias das pessoas dentro do projeto. Deixe claro que as interferências não serão permitidas e que, se ocorrerem, serão ignoradas pelo projeto. Não permita que o projeto avance quando ocorrerem interferências. Faça imediatamente uma parada no projeto e trate a situação com os envolvidos.

Trate novamente o assunto/processo e reveja a decisão (você estará ganhando tempo e não o perdendo com essa parada e reavaliação, confie na lição aprendida). Após, reúna a equipe e use o exemplo para ilustrar o que não se deseja mais dentro do seu projeto. Com casos reais, a equipe começa a perceber a importância da definição das regras na condução do projeto. Planeje sua equipe e defina o papel de cada um, as autonomias e as responsabilidade que terão ao longo do projeto. Defina regras e gatilhos perante os quais eles possam sinalizar interferências a tais regras.

Gestão do tempo

Cintia Schoeninger

Durante muitos anos trabalhei em cargos funcionais como analista de sistemas, testadora e gerente de projetos. Ou, ainda, fazia a gestão de uma área de negócio e a gestão dos projetos da empresa. Isso significa dizer que o tempo era particionado entre as atividades funcionais e as atividades do projeto.

Muitas vezes eu não conseguia me desvincular das atividades funcionais para fazer o projeto, que então fica negligenciado para o segundo plano ou para quando eu tivesse tempo. Ao negligenciar as atividades do projeto, prejudicava principalmente o monitoramento e o controle do projeto. Então eu não monitorava nem controlava nada. As coisas iam simplesmente acontecendo no tempo das coisas e não do projeto.

Dei-me conta de que, se continuasse a incorrer nesse erro, minha carreira não iria muito longe. Então fiz uma avaliação: o que me impedia de fazer com eficácia minhas atividades relativas ao projeto? Eu deveria primeiramente aprender a dizer "não". Quando as pessoas, sejam gerentes ou demais funcionários, traziam novas solicitações, mesmo que simples em uma primeira avaliação, eu deveria questionar: isso realmente é importante? A resolução disso é realmente da minha responsabilidade e preciso resolver agora? Essas perguntas deveriam ser feitas e respondidas só em pensamento.

52 LIÇÕES APRENDIDAS EM PROJETOS

Mas as respostas a essas perguntas orientariam a minha resposta ao solicitante: de que eu tinha um cronograma das minhas atividades e que esse cronograma estava definido para a próxima semana de trabalho e, portanto, não caberia nova solicitação sem que alguma outra atividade saísse para dar espaço à nova que estava sendo sugerida.

No início não foi nada fácil, pois também não tinha muita sensibilidade quanto ao meu cronograma de trabalho, ainda mais quando se tratava de tarefas de gestão. Então incluí mais uma regra: deixar uma margem de 20% do tempo para tarefas de última hora. Na sexta-feira da semana anterior ao cronograma, já havia preenchido a tal margem de 20%. Então tive que levar trabalho para casa, para fazer no final de semana – afinal, como eu, que fazia a gestão, não conseguia gerir o meu tempo?

Outras ações importantes: quando for fazer uma atividade como o monitoramento do projeto, avaliar um contrato ou fazer o monitoramento dos custos, busque uma sala de reuniões ou outra qualquer individualizada. Não fique na sua mesa, pois o telefone pode tocar ou alguém pode resolver que precisa falar com você. Avise as pessoas ou bloqueie sua agenda para se concentrar e fazer suas atividades. Não deixe seus e-mails habilitados na tela. Eles vão distrair você. Defina horários pela manhã e à tarde para acessar e responder seus e-mails.

Ah, sim, quanto ao seu *smartphone* e *app* de mensagens, por favor, deixe no silencioso. Você não precisa ser interrompido ou desviado das suas funções sempre que chegar uma mensagem. Deixe seu celular no silencioso e defina novamente horários para retornar as conversas.

Inicie por você a educação para a gestão do tempo. Entenda como organizar o seu tempo e ser produtivo. Tente não levar trabalho para casa. Às vezes é inevitável, eu sei, mas se isso acontece sempre, ou rotineiramente, significa que você não está conseguindo ser eficaz no seu horário de trabalho. Invista um tempo para refletir sobre o motivo dessa ineficiência, elenque os fatores que tiram a sua produtividade das coisas que você deve realmente priorizar.

Eu errei muito no quesito organização da minha gestão do tempo e passei muito tempo trabalhando em casa, permitindo que a minha organização não se realizasse e que a priorização do que era realmente importante ou necessário fazer não fosse cumprida. Prejudiquei e negligenciei questões simples, como consultas médicas e lazer com familiares, devido ao excesso de trabalho que eu mesma criei, pois não sabia dizer não, não fazia a gestão do tempo para minhas atividades e não conseguia priorizar o que realmente era importante.

Se você não tem a sensibilidade de fazer essas ações para você mesmo, como pretende gerenciar os projetos dos outros?

Gerencie o seu tempo, tenha organização e disciplina, pois essas, sem dúvida, são habilidades essenciais para um gerente de projetos.

O que eu ainda preciso melhorar: saber dizer não. Ainda me sinto muito desafiada a abrir mão de algumas oportunidades, gosto de inovações e adoro meu trabalho, o que, às vezes, me impede de dizer um "não, agora não posso, estou sem disponibilidade". Mas, assim como você, que busca novos conhecimentos e aprendizagem, eu estou buscando os meus conhecimentos e melhorias.

Cliente amigão

Fábio Giordani

Mais um projeto tem início e, dentro das atividades de validação de escopo inicial e de *stakeholders*, contatos por telefone e alinhamentos internos até que a reunião de *kick-off* seja realizada junto com o time do cliente.

O responsável técnico do projeto na equipe do cliente logo se apresentou dentro do perfil "amigão". Na primeira reunião ele já havia se inteirado do currículo do nosso time pelo LinkedIn identificando alguns contatos que tínhamos em comum e me convidando para fazer parte de sua rede. Na reunião posterior ele já trouxe como "quebra-gelo" alguns assuntos de que eu gostava que ele claramente tinha identificado em algumas das poucas postagens que eu havia feito no Facebook.

Até o momento, apenas percebi esses fatos. Acredito que para nossa felicidade o mundo é formado por pessoas dos mais variados tipos, e isso torna as relações interessantes pela divergência de percepções, opiniões e de comportamentos.

As reuniões evoluíram com tranquilidade e chegamos a um escopo técnico da solução claramente definido e uma lista de dependências e responsabilidades dos times que foram acordadas para o projeto.

As atividades iam em franca evolução quando um dos recursos do projeto relata que uma das dependências sob responsabilidade do cliente não estava atendida, como havia sido informado que estaria. Verificamos a responsabilidade e ela estava a cargo do "amigão".

Ligamos para o cliente e conversamos sobre a atividade pendente de entrega, visto que ela gerava impacto em uma atividade. O "amigão" se desculpou, comentou que estava no meio da correria e um incidente havia tornado conturbados os últimos dois dias dele e ele não havia conseguido liberar a dependência, mas que para a manhã do dia seguinte estaria atendida. Como a atividade impactada dentro do projeto estava fora do caminho crítico e realmente o incidente havia ocorrido, demos crédito ao "amigão" e relevamos o caso. No outro dia realmente a atividade sob responsabilidade dele estava terminada e pudemos continuar com a evolução do projeto. Impacto muito pequeno e que foi facilmente contornado, sendo que sequer o formalizamos no relatório de status semanal.

No início da outra semana o caso se repete. Mais uma dependência não atendida por parte do cliente e novamente uma tarefa que estava sob responsabilidade do "amigão". Ao ligarmos para verificar o que havia ocorrido recebemos um novo pedido de desculpas e a justificativa de que o incidente da semana anterior havia gerado demandas de ajustes que tiveram que ser feitas no final de semana e que impediram que ele atendesse ao prazo das atividades do projeto. Obtivemos uma promessa de que até o final do dia a pendência estaria sanada, o que ocorreu somente no final do dia seguinte. Novamente impacto em atividades fora do caminho crítico e o time conseguiu evoluir em outras atividades paralelas que podiam ser adiantadas. Relevamos o caso e consideramos o incidente ocorrido no cliente e optamos por não expor o "amigão" formalmente em um relatório de status.

Há um ditado que diz que algo que acontece uma vez pode não acontecer a segunda, mas algo que acontece duas vezes certamente ocorrerá uma terceira.

Dias depois temos um novo atraso, novamente com atividades que estavam sob responsabilidade do "amigão", mas dessa vez com impacto no caminho crítico do projeto. Uma dependência que acarretou uma semana de atraso e esforços dobrados do time para trazer o projeto para o cronograma novamente.

Formalização do atraso e explicações junto ao cliente sobre o ocorrido, pois houve esforço extra do time. Ao comentarmos que era a terceira ocorrência, o cliente se surpreendeu e questionou os motivos de não termos formalizado o atraso nas

56 LIÇÕES APRENDIDAS EM PROJETOS

atividades anteriores, inclusive comentando que parte da responsabilidade do atraso era minha por eu ter sido complacente com os atrasos anteriores, pois "como vocês foram coniventes com as vezes anteriores certamente ele acreditou que seriam novamente e não priorizou da forma que deveria".

Levei parte da culpa por ter sido camarada com o "amigão". O cliente tinha razão.

Experiência se adquire com o tempo. Erros são grandes professores. Certamente o profissional usa do comportamento "amigão" e envolvente para amenizar consequências de suas falhas ou obter benefícios não relacionados com o mérito de seu trabalho em seus relacionamentos profissionais. Não tenho a informação, mas creio que este deva ser um expediente padrão dele com o objetivo de proteção.

Nesse caso a lição aprendida foi a de manter o profissionalismo e as formalizações independentemente do contexto onde tenham ocorrido. Reportar as falhas e contextualizar em uma nota o momento do projeto, mas formalizar sempre, mesmo que se tenha conseguido corrigir o problema.

Eu te respeito, por isso sou pontual

Fábio Giordani

Pontualidade é um comportamento tido como virtude em muitas culturas.

Ser pontual, no entanto, depende de várias questões, entre elas (e não somente) prioridade do assunto que está sendo tratado; urgência em resolver o assunto; interesse no assunto; e até mesmo inexistência de imprevistos antes do compromisso agendado que venham a gerar atraso.

Há bastante tempo eu trabalho direta ou indiretamente em empresas com cultura de gestão norte-americana, onde o respeito ao tempo é uma característica culturalmente valorizada. O respeito ao horário invariavelmente acaba sendo um comportamento bem desenvolvido e chega a se tornar de fato um hábito.

Meu primeiro choque relacionado com a seriedade com que a pontualidade é tratada em algumas culturas se deu em uma reunião: após cinco minutos do horário de início agendado, o líder da reunião ainda não havia chegado, então os outros profissionais se levantaram e saíram da sala.

Recém-chegado ao grupo, estranhei a movimentação. Passados quase 15 minutos do horário previsto, o líder da reunião entrou na sala pedindo desculpas porque o atraso havia se dado pelo trânsito. Não adiantou muito, pois os outros profissionais já não estavam mais na sala e a disponibilidade de agenda para uma nova reunião era de mais de uma semana.

58 LIÇÕES APRENDIDAS EM PROJETOS

O assunto certamente era importante, e a importância era muito maior para quem havia solicitado a reunião do que para os outros que iriam contribuir com a evolução do assunto.

A reunião foi automaticamente cancelada, pois quem a solicitou não foi pontual. A expressão que o próprio líder da reunião me disse foi: "ser pontual é respeitar o tempo dos outros". Ele mesmo reconheceu que deveria ter saído de casa pelo menos 15 minutos antes do horário costumeiro, ainda mais em um dia de chuva.

É comum ter dias em que as reuniões se encadeiam a cada trinta minutos ou 1 hora. E ao olharmos para a agenda vemos uma manhã ou tarde inteiras tomadas por reuniões em sequência, por vezes alternadas entre reuniões presenciais com o time e agendamentos por telefone, o que facilita as necessidades de deslocamento. No meu caso, quando elas são com profissionais internos, com colegas de trabalho, não há muitos problemas, visto a pontualidade ser um comportamento muito valorizado e tanto início quanto término serem respeitados. Se ainda houver o que ser discutido, um novo horário será agendado para que o assunto se esgote.

O mesmo comportamento não pode ser considerado quanto as reuniões são externas ou envolvem clientes e mesmo profissionais parceiros. Sendo o cliente quem paga a conta, habilidade e sutileza são extremamente recomendáveis ao se tecer algum comentário quanto ao atraso no início de uma reunião. Tendemos a crer que os projetos têm alguma prioridade dentro do cliente, e, via de regra, ele é a parte com maior interesse em que o projeto evolua na forma e na velocidade corretas.

Certa vez marcamos com um cliente uma reunião presencial para um assunto de grande importância, mas que não acreditávamos que demandaria mais do que 1 hora para ser alinhado. Solicitamos algumas informações prévias que eram importantes para a reunião, mas que por algum motivo o cliente não compartilhou. Agenda fechada para uma terça-feira, das 14h às 15h, sendo que às 13:45 já estávamos na sala de espera da sede do cliente. O cliente havia saído para almoçar e retornou somente às 14:30 e sequer se desculpou pelo atraso ou justificou o ocorrido.

Como as informações que solicitamos anteriormente não haviam sido compartilhadas, e estas eram necessárias naquele momento de planejamento do projeto, o cliente teve que investir tempo previsto para a reunião na busca dessas informações. De fato, o assunto somente começou a evoluir já passados vários minutos além das

15h. Latente era a desorganização do cliente para nos receber, mesmo nossa agenda tendo sido confirmada há mais de duas semanas. Ele realmente não havia se preparado para a reunião.

Dentro do cenário que tínhamos e da necessidade de evolução no projeto para atender aos prazos, a reunião se delongou por mais de três horas até que conseguimos definir os itens necessários para aquela etapa do projeto.

A outra reunião por telefone que eu havia marcado com outro cliente para as 17h, contando com a previsão inicial de que em menos de 1 hora teríamos resolvido os itens pendentes, teve que ser adiada para a sexta-feira, pois foi o único dia onde havia horário sem conflito entre os participantes. Devido a essa necessidade de adiamento, a minha imagem ainda ficou sendo percebida como a de um profissional que não gerenciava suas atividades corretamente dentro do tempo. Impacto minimizado pelo fato de que havia tempo suficiente no outro projeto para as discussões sobre as atividades que estavam agendadas para serem discutidas na terça.

Fato é que a desorganização de um participante da reunião afetou a prioridade e a agenda de trabalho de parte dos envolvidos na reunião. Gestão das atividades no tempo é fator crítico para a grande maioria dos profissionais. Pontualidade é respeito pelo tempo de todos.

Depois desses episódios, reviso sempre antecipadamente o material para as reuniões, não me atraso e tento ao máximo evitar agendar duas reuniões com cliente no mesmo período do dia.

Liderança

Fernando Bartelle

Acho que todo mundo que está no mercado de trabalho há alguns anos já teve pelo menos uma experiência com o clássico "chefe". Baseado no cargo, o "chefe" manda e faz cumprir. Exerce a liderança através da intimidação e da colocação do medo nos subalternos. Manda quem pode, obedece quem tem juízo e se desobedecer, roda.

Vemos uma mudança no cenário, de forma geral, onde se fala muito de liderança, do líder servidor, da comparação líder *versus* chefe, mas na realidade o modelo antigo ainda está bem presente.

Há teorias que dizem que essa postura tem muito a ver com insegurança, uma das diversas formas do medo se manifestar. Quando temos medo, agimos para nos defender. Na defensiva, o indivíduo fica sempre desconfiado, acha que todos estão tentando lhe passar a perna. Por exemplo, tem medo que seus subalternos cresçam e "roubem" seu cargo. Mantém os empregados sob vigilância constante, não dando autonomia ou ajudando-os a crescer profissionalmente. Assim, usa-os para conduzir trabalhos operacionais, enquanto guarda os louros para si mesmo. Com a ilusão de que dessa forma se torna indispensável para a empresa, acredita que pode manter seu cargo.

Esse modelo, por incrível que pareça, também se replica nos ambientes de equipes de projeto. Ainda que o ambiente de projetos seja menos propício para comportamentos assim, gerentes de projetos muitas vezes assumem o "cargo de chefe".

"Quem manda aqui sou eu".

"Não importa o motivo, faça assim porque eu disse e pronto".

Se formos observar a bibliografia mais atual em gerenciamento de projetos, acharemos facilmente diversas obras abordando liderança, a importância das *soft skills* (entre elas liderança, gestão de conflitos e comunicação), sempre alinhadas com a figura do líder servidor.

O conceito não coloca o líder como servo, mas sim como facilitador de uma série de coisas. Deve saber ouvir e levar em consideração as ideias de todos. Deve estar disponível para assumir a responsabilidade pela sua equipe. Deve saber cobrar desempenho dentro do que foi combinado com sua equipe, sendo claro e objetivo nas justificativas. Deve sempre mirar nas capacidades de melhoria para o futuro, ainda que deva considerar os erros do passado. Deve, principalmente, preocupar-se em formar novos líderes.

O líder servidor, portanto, serve à sociedade de uma forma geral, facilitando o crescimento pessoal e de todos que o cercam. Se cada um de nós conseguir replicar isso com nossas equipes, colaboramos para um futuro melhor.

Se podemos optar por uma postura de líder servidor, que retorna benefícios para a sociedade e por um futuro melhor, podemos concluir que um dos maiores erros que um gerente de projetos pode cometer é adotar a postura de chefe autoritário. Ninguém rende bem sob pressão o tempo inteiro, muito menos se não entender os motivos pelos quais está trabalhando.

Trabalhando nossas habilidades de liderança, conduzindo nossas equipes com mais inteligência emocional e entendendo como uma de nossas obrigações principais a criação de novos líderes, estaremos no caminho certo.

Engajamento, o elo perdido

Mariela Aranda

Falar em engajamento e trabalhar juntos, visando um objetivo comum, parece simples, mas, em alguns projetos, parece ficção científica.

Participei de uma série de projetos onde a falta e o entendimento de priorização de projetos foi faísca suficiente para desintegrar processos. Quando não temos um alinhamento estratégico e um entendimento sobre participar de forma sincronizada em projetos transversais para atender a um resultado para a empresa, o engajamento parece o elo perdido na evolução entre o primata e o ser humano.

Uma vez, em um projeto, o gerente de projetos tinha a difícil missão de revisar todos os processos organizacionais com o "dono" de cada um. Uma das principais premissas era a disponibilidade do dono de cada processo para poder entender as entradas, as saídas e os resultados ou entregas de cada processo.

Com *deadline* marcado para maio de 2017, e o projeto iniciado em janeiro, com o resultado sendo gigantesco para a empresa, não havia mais opção a não ser correr contra o tempo. Agendar reuniões com os *process owners* em fevereiro foi o primeiro desafio. Com o Carnaval, em fevereiro a empresa iniciava operações depois das férias coletivas. O gerente de projetos perguntava-se como correr quando todos estão caminhando, como puxar uma máquina quando ela está iniciando e como engajar uma equipe que não entende o tamanho do que se espera em um período tão curto.

Estrutura analítica de projetos, cronograma, escopo? Nada disso se formalizou da forma que qualquer gerente de projetos espera. Agendamos reuniões para vender e transformar um mapeamento de 48 processos industriais visando resultados, indicadores e riscos operacionais. Tivemos de levantar a bandeira de "o ótimo é inimigo do bom" para poder atender à nossa restrição de data. O preocupante, no processo, foi perceber que a maioria dos donos dos processos não entendia o que era uma entrada, uma saída e uma entrega de seu próprio processo. Se não sabemos o que devemos entregar, como vamos saber o que medir? E como engajamos uma equipe que não sabe a importância de seu processo e, menos ainda, a importância de ele estar mapeado?

Foi um trabalho de formiga na velocidade do The Flash. Cada reunião agendada durante o período de um mês teve o objetivo de inserir o *process owner* no centro da sua existência na empresa, extrair com maestria as informações, selecionar as relevantes e identificar a forma de medição. Tudo isso para, primeiramente, poder passá-las para o software que representaria o resultado do trabalho.

Como conseguimos, no fim das contas, engajar um time? O primeiro passo foi mostrar que todos somos importantes. Se existimos dentro de uma organização, devemos ter algum valor, certo? E se temos valor para a organização, devemos transformá-lo em resultado para quem acredita em nós. A verdade é que, geralmente, nos sentimos como um mero número dentro da organização, mas, se ali estamos é porque somos importantes. É verdade que o reconhecimento e o salário são alguns dos motivadores ou engajadores, mas fazer parte de algo maior e conseguir entender que o pequeno resultado que geramos faz a diferença nos dá um alicerce maior de comprometimento.

No final, após tanto estresse, o resultado foi atingido. Os processos foram mapeados, os colaboradores conseguiram entender a importância de seu processo, mas o ganho fundamental foi a pergunta realizada pela grande maioria: "quando podemos nos reunir novamente para melhorar?".

Trabalhar em conjunto não é tão fácil de fazer como de escrever, mas, no final do projeto, quando a missão dada é cumprida, e, além disso, conseguimos um engajamento que está além das nossas expectativas, o resultado só se torna melhor.

Decisões tomadas por impulso, por pressão ou premeditadas em projetos

Mariela Aranda

O nascimento, a operacionalização e o encerramento de projetos são decisões. É decidido se o projeto vai nascer em função de múltiplos critérios ou se vai continuar devido a variáveis e mudanças em cenários – e, finalmente, como e quando iremos concluí-lo.

Durante a condução do projeto, os processos decisórios adquirem papel relevante de forma extraordinária, especialmente quando o número de *stakeholders* envolvidos é importante, a ponto de ser desafiador haver um consenso. No entanto, chegar a esse acordo não é o verdadeiro desafio quando falo em gestão de projetos. Em meu ponto de vista, a forma como as decisões são tomadas pode levar o projeto por caminhos diferentes para atender a seu objetivo com sucesso.

A meu ver, temos três formas de decisões. Primeiro, temos aquela decisão que tomamos por impulso, que não paramos para pensar nas consequências, pois está implícito em nosso *modus operandi*, em nosso piloto automático. Deparamos com esse tipo de decisão até em nossa vida pessoal, pois, de alguma forma, ela se trans-

Problemas Comportamentais 65

forma em uma rotina e é incorporada ao nosso *mindset*. Essas decisões são as que menos impactam no projeto – ao contrário, agilizam seu resultado, pois o risco delas é não realizar uma análise mais aprofundada da situação e, geralmente, estão vinculadas à emoção do momento. Esse é o ponto de atenção, pois, se estamos eufóricos, com raiva ou desconfiados, é essa emoção que poderá impactar na ação relacionada à decisão.

Como segunda forma de decisão, temos a que é feita sob pressão. São aquelas nas quais os GPs não acreditam, mas que devem ser tomadas porque o chefe pede. A primeira característica dessa decisão é que ela demora a ser tomada. Todos os *stakeholders* ficam "em cima do muro" e seguram o "sim" ou o "não" tempo suficiente para que o GP fique em uma situação de neurose para depois transformar a decisão sob pressão em uma decisão por impulso. Essas decisões têm impacto e risco altíssimo em projetos, visto que a implementação acaba ocorrendo com pressa e com baixa integração do time. É clássico ouvir, no final do projeto, a frase "eu te disse que não iria dar certo". Isso desmoraliza o time e o próprio GP, que deve segurar as pontas entre expectativa da equipe, *stakeholders*, *sponsor* e cliente.

A terceira forma de decisão é a premeditada, aquela que está associada ao risco levantado, às premissas e às restrições. Enfim, é a decisão para a qual nos preparamos para responder como GP ou PMO, mas que sabemos que será por pressão ou por impulso em algum momento do projeto.

O ponto é que, de todas as decisões que podem ser tomadas, as mais comuns nos projetos de que participei são as por impulso, com tudo sendo decidido de última hora e penalizando as entregas do projeto de alguma forma, e as por pressão, que ficam "em cima do muro" por bastante tempo e, consequentemente, atrasam o projeto. Essas entregas acabam apresentando problemas de qualidade, invalidando o aceite do cliente e criando justificativas para não aceitar o projeto – ou, caso o aceite exista, será com uma lista enorme de pendências, que farão com que o projeto se transforme em uma imensa rotina que não irá terminar nunca.

As decisões devem ser apontadas, tomadas e pensadas estrategicamente em cada projeto, independentemente de sua complexidade.

Ferramenta de gestão não funciona sem disciplina

Mariela Aranda

Todos já escutaram alguma vez que, para poder gerenciar projetos, precisamos de alguma ferramenta, seja uma planilha eletrônica ou outra coisa que permita centralizar as informações para podermos criar os famosos *dashboards* de indicadores e ver, via *drill down*, todos os nossos projetos nas diferentes cores de sinaleiras. Esse é o sonho de consumo de qualquer PMO.

No entanto, na "vida real", as ferramentas de gestão só são eficientes se os responsáveis por inserir informações nelas são disciplinados e atualizam cronogramas, registram horas, acompanham questões e riscos e realizam um plano de ação para atividades do caminho crítico que perderam a linha de base. Então, estamos em um ambiente onde pedimos que as informações sejam consolidadas, mas a qualidade das informações que colocamos na ferramenta não é boa. Logo, não interessa a origem ou o tipo de ferramenta que utilizamos se nossos informantes não acreditam em sua usabilidade.

Quando implementamos uma ferramenta de gestão, encontramos (como PMO) uma série de justificativas dos usuários: "a ferramenta é lenta", "a internet cai", "não tenho tempo para atualizar, pois estou superalocado", "estou com muitos projetos e não sei qual é a prioridade", "não trabalho só com projetos" e assim por diante. Entretanto, todas essas justificativas são impossíveis de medir ou comprovar se não coloco informações precisas, e os próprios indicadores, inclusive, são prejudicados com essa falta de compromisso ou disciplina.

E aqui chegamos no ponto-chave: disciplina. Essa palavra, milenar e praticada pelos japoneses, nos traz o grau de comprometimento que temos com os nossos resultados. Muitas vezes, temos uma iniciativa e uma criatividade impressionantes para criar e implementar, mas somos péssimos para dar continuidade e verificar se os resultados de fato fazem sentido.

Logo, cultivar e disseminar a disciplina é uns dos fatores-chave de sucesso para a implementação de uma ferramenta de gestão. Isso me lembra quando um consultor me ofereceu uma ferramenta afirmando, com entusiasmo, que funcionava super bem e que, na empresa X, todos atualizavam as informações e os indicadores eram gerados automaticamente. Minha resposta foi: "então vou contratar os usuários, porque a diferença está na disciplina deles e não na ferramenta, pois a base de conhecimento em todas elas é a mesma".

Todo sistema que tem como fórmula "método + ferramenta + governança" precisa de disciplina para funcionar de forma adequada – e, para isso, engajamento e entendimento da importância e dos resultados a serem atendidos devem ser evidenciados para os usuários e para toda a organização.

A liderança e o resultado do projeto

Mariela Aranda

Atualmente, lemos e estamos envolvidos em um meio que exige que sejamos bons líderes em diversos ambientes: na família, na escola ou no trabalho. No entanto, deparamos ainda com estruturas organizacionais e familiares mais hierárquicas que não propiciam líderes, mas chefias. Líderes devem inspirar e nos propiciar uma necessidade de querer atingir nossos resultados sem a pressão maluca e a batida incessante que uma chefia faria. Essa nova tendência de líder *coach* traz ao gerente de projetos um novo desafio: não mais apenas gerenciar cronograma, custo e risco.

Contudo, como desenvolvemos líderes e resultados em organizações onde somos meros executores? Temos de entregar resultados, mas não temos autonomia ou poder de decisão. Qualquer documento a ser emitido deve passar por pelo menos três gerentes funcionais, e devemos pedir a bênção deles para podermos incorporar e compartilhar informações com o time.

Sobre a perspectiva do líder *coach*, o gerente de projetos tem como objetivo desenvolver seu time de projeto; no entanto, quando atua na função puramente operacional de execução do projeto, o papel é transferido para o departamento de recursos humanos. Com isso, eu me questiono: temos capacidade de desenvolver capital humano quando nós e nossas chefias imediatas não foram desenvolvidos?

A organização então nos cobra prazos e custos quando não temos estrutura ou liderança que nos permita engajar uma equipe que está no limite do colapso emocional porque acaba tendo, pelo menos, três pessoas que decidem por ela.

Você já passou pela necessidade de aprovar documentos que, tecnicamente, o líder ou a equipe teria toda as condições de validar? O documento deve ser aprovado pelo analista, pelo líder do projeto, pelo chefe do líder do projeto, pelo líder do analista que faz parte do time e, finalmente, pelo cliente e pelo chefe do cliente. Como é possível ter resultados dessa forma? O tempo acaba, e, nesses casos, nem adianta ter uma análise crítica do cronograma, pois o time e a *deadline* vão acabar impactando em alguma outra atividade com o simples processo decisório de "cortar a duração dessa atividade para poder atender ao prazo final combinado".

Liderança e chefia não encaixam na mesma estrutura. O risco é o líder migrar para outra organização e o projeto ficar órfão na metade da execução, especialmente se ele tiver uma duração maior que 24 meses. Perder um líder no meio do projeto e retomá-lo nesse ponto, com a necessidade de engajar o time, pode inviabilizar sua entrega e não atender às expectativas da organização, frustrando assim o time, o novo líder e a organização.

Fale com quem realmente sabe

Fábio Giordani

Na metade dos anos 2000 tive o privilégio de fazer parte de uma equipe muito enxuta que suportava as operações de tecnologia da informação de uma das maiores empresas brasileiras no ramo de autopeças para reposição. Sincronismo com as necessidades do negócio, priorização de projetos de acordo com a estratégia da organização, rapidez de resposta e comprometimento eram características latentes no que a diretoria da organização denominava como sendo "um time de cães raivosos".

Uma das demandas derivadas do Planejamento Estratégico em determinado ano foi a de construir um sistema para que a aprovação de crédito aos clientes fosse mais eficiente. O sistema foi denominado ECA – *Efficient Credit Approval*.

Projeto iniciado, *stakeholders* mapeados, entrevistas com a equipe financeira, entendimento do processo de aprovação de crédito da companhia, que há pouco havia sido revisado, requisitos definidos, estimativas de esforço e alinhamento com a diretoria quanto aos prazos. Nosso time não tinha condições de executar esse projeto sem contratar mais um programador, o que foi prontamente aprovado pela diretoria, em formato *time & material*.

Integramos ao time esse novo programador, que já tinha trabalhado em sistemas financeiros antes e conhecia a estrutura da organização de outros projetos que havia trabalhado conjuntamente conosco. Marcos do projeto definidos, fases e entre-

Problemas Comportamentais 71

gas parciais alinhadas e trabalho dedicado para atender aos prazos. Primeira fase do projeto concluída com sucesso e entrega na data prevista, com capacitação no novo módulo do sistema para o time de aprovação de crédito da unidade piloto do projeto.

Tudo andando conforme planejado até que, um mês após a implementação do módulo inicial, um pagamento não realizado por um cliente que teve o crédito liberado através do novo sistema é questionado pelo time financeiro, que nos solicitou informações para entender como o crédito havia sido liberado pelo sistema se o cliente não comprovara as garantias mínimas para o valor liberado.

Nós nos dedicamos à análise dos dados registrados no sistema de produção e à análise dos níveis de aprovação e simulamos várias vezes a mesma operação de aprovação no ambiente de homologação com base nos mesmos dados existentes na produção, sendo que em nenhum dos testes o sistema liberou o crédito. Realmente não encontramos nenhuma falha no sistema – com base nos dados que estavam registrados, sequer a metade do limite concedido ao cliente foi liberada pelo sistema. Descartamos uma falha no sistema.

No final do mesmo dia de nossa bateria de testes e validações, o gestor da área de tecnologia foi até a rua para fumar um cigarro e ficou conversando com um dos profissionais do financeiro da unidade e que também era fumante. Sem que o colega soubesse do caso, o gestor começou a perguntar sobre como se dava a aprovação de crédito na unidade. Não levou dez minutos para descobrir, informalmente, que o processo de aprovação de crédito que há pouco havia sido revisado e aprovado pela diretoria financeira era uma peça de ficção, que nenhuma unidade de fato o utilizava e que o limite era dado de acordo com o nível de amizade do cliente com o time, através da senha do gerente da unidade, que era quase de domínio público entre o time do financeiro.

Uma grande lição no caso. O real conhecimento da operação está na mão de quem realmente opera o dia a dia. De nada adiantam um *sponsor* forte e um processo recém revisado e homologado por uma diretoria, se de fato não é realizado. Sempre o usuário final deve ser considerado com um peso maior. Não adiantam bloqueios e níveis de acesso a aprovações em sistemas se a senha com maior nível de acesso é compartilhada. Em um ramo de negócio onde o nível de relacionamento dita a com-

72 LIÇÕES APRENDIDAS EM PROJETOS

pra, se não conseguir sistematizar as concessões por amizade e não considerar isso parte do risco da operação, sistemas não funcionam.

Muitas vezes aquela ligação do time comercial na semana de fechamento para o cliente com um pedido de "me ajuda a bater minha meta que no próximo mês te dou um desconto especial" não será barrada no financeiro por conta de crédito, pois o bônus depende disso. De fato, na maioria das vezes, costuma haver uma retribuição com desconto na compra seguinte ou um parcelamento maior para o cliente. Fato é que isso não está mapeado em processos definidos pela direção, mas sim no nível da operação diária – e é lá que os requisitos devem ser validados antes de serem desenvolvidos.

O "time de cães raivosos" de fato entregou o sistema dentro do previsto, com o funcionamento alinhado com o processo. Pena que o processo não era seguido de fato na operação da organização.

Transtorno em equipe

Fernando Bartelle

Muitos anos atrás, encaramos um grande desafio no trabalho. Um projeto muito complexo, mas igualmente recompensador. Fui designado gerente do projeto e precisei montar a equipe rápido. Muito rápido, se levarmos em consideração o número de pessoas envolvidas e a dispersão geográfica necessária.

Encontrar as habilidades necessárias ao projeto, aliadas às expectativas que os membros da equipe têm e mais todos os outros critérios importantes, como as expectativas do cliente final, os prazos e o orçamento disponível, foi a parte mais difícil.

Não acertamos todos os perfis, mas tivemos um nível bastante aceitável de acerto. A própria equipe participou desse processo de entender e distribuir as tarefas.

Tudo muito democrático e tranquilo, no começo. Era um time sólido e bastante motivado, ainda que não tão experiente. Todos entendiam a importância do projeto e viam isso como uma oportunidade.

Começamos o projeto com um planejamento veloz. Infelizmente, quando prestamos serviços de gerenciamento muitas vezes somos acionados com o prazo de execução já andando.

74 LIÇÕES APRENDIDAS EM PROJETOS

Nesse cenário, precisamos planejar e executar quase ao mesmo tempo. Planejamos por partes e executamos em fases.

O ambiente colaborativo tornava o clima de trabalho muito agradável. O cliente pressionava muito, mas isso ficava na gerência, e a equipe conseguia trabalhar com tranquilidade.

Logo a maré tranquila passou e conflitos começaram a surgir de todos os lados:

"Fulaninha entra na sala botando banca e dando ordem pra todo mundo!"

"Quem ele pensa que é?"

"Muito difícil trabalhar com gente teimosa!"

"Não adianta, tem gente que não sabe trabalhar em equipe..."

A rádio do corredor pipocava novas informações a todo minuto, de coisas pequenas a grandes problemas de relacionamento.

O gerente de projetos inexperiente logo botou a culpa nos gênios difíceis de todos. E foi conversar com o diretor, pois não sabia o que fazer para resolver.

— Só podia! Não tive tempo de montar a equipe com calma, buscar as pessoas corretas. Temos pessoas impetuosas, intempestivas, inexperientes, alguns teimosos, outros sem atitude, outros muito egoístas. E acho que não sou o líder certo para essa galera...

O diretor, do alto de toda a sua experiência, só fez uma pergunta:

— Todos sabem o que se espera deles?

— Como assim? – interpelou o gerente.

— Direitos e deveres. Matriz de responsabilidades. Papéis claros... inclusive acho que isso está no *PMBOK Guide*.

Muitas vezes, na alta rotação de projetos complexos, onde muita coisa acontece ao mesmo tempo, nos esquecemos de coisas básicas. Como o modelo de Tuckman. Está no *PMBOK® Guide* mesmo. Formação, conflito, acordo, desempenho, dispersão. Ou *forming, storming, norming, performing, adjourning.*

O cenário descrito inicialmente era claramente de uma equipe em formação. A partir da distribuição das tarefas, quando a equipe começa a trabalhar, os conflitos surgem, e vem a necessidade de esclarecer funções e responsabilidades. No meu exemplo, vivemos o Império da Tormenta, onde a etapa do acordo demorou um pouco demais.

Como dizia um colega de trabalho, errar é do jogo, mas devemos errar rápido! Ouvindo a opinião especializada, conseguimos corrigir o rumo e normatizar o trabalho a tempo de entrar na fase de desempenho.

Dificuldades com as Partes Interessadas

O *stakeholder* esquecido

Fernando Bartelle

O início da minha trajetória em gerenciamento de projetos foi bem rápido. Por minha formação em arquitetura, comecei a trabalhar em uma empresa de gerenciamento fazendo projetos arquitetônicos de adaptações para troca de marca de uma grande rede bancária. Menos de um ano depois esse projeto acabou e um novo, do mesmo cliente, iniciou. Dessa vez trataríamos de adequar um lote de mais de 100 agências às normas de acessibilidade. Fui alçado a coordenador da equipe e logo assumi como gerente.

Nesse projeto, recebíamos um *briefing* do cliente, íamos a campo para conferência, traçávamos um estudo de viabilidade técnica, financeira e legal, e alinhávamos todas essas diretrizes em projetos arquitetônicos, que eram então quantificados e enviados a empresas em pacotes de licitação. Após a contratação das construtoras, as obras iniciavam e passávamos a acompanhá-las, informando o cliente e demais partes interessadas. O trabalho se findava com relatórios de encerramento e *checklists* diversos de conformidades aos padrões e normas específicos.

Especialmente durante a execução, diversas vezes cometi o erro de descer à operação. Era para mim um respiro dos enormes, e então desconhecidos, desafios da gestão do projeto, do cliente e da equipe. A operação me era mais confortável.

Dificuldades com as Partes Interessadas 79

Pois bem, uma semana acertamos a implantação de uma das maiores obras daquele lote. Tratava-se de um grande desafio, pois iríamos fazer uma série de modificações em uma agência grande, que não poderia deixar de funcionar em nenhum momento. De segunda a quinta-feira ficamos tomando as últimas providências para poder fazer a obra de sexta-feira às 18 horas até segunda-feira às 5 horas da manhã. Entregaríamos o local pronto e limpo para a operação antes das 8 horas, quando os funcionários começariam a retornar para o trabalho.

As providências citadas eram muitas. Uma agência bancária é um lugar complexo para trabalhar: deve-se pedir autorização da rede para pegar as chaves, solicitar formalmente que o gerente desabasteça os caixas e o autoatendimento, aloque o dinheiro em malotes e que documente tudo nos mínimos detalhes. A equipe interna também precisa estar ciente, pois seus pertences devem ser acomodados em caixas, separados, para não se perderem ou quebrarem. E se alguma mesa mudar de lugar? Por exemplo, alguém que ficava na janela agora vai para o lado da parede, onde o ar é mais forte. É um campo fértil para testar resiliência, habilidades de gestão de pessoas e conflitos.

Além dos *stakeholders* mais diretos, também é preciso acionar uma empresa específica para recolher os malotes, conferindo o montante. Muitos papéis são assinados para que os valores retornem ao local antes da reabertura. E os alarmes? Sísmicos, de presença, na porta principal, na porta giratória, nos caixas... cada um deles operado por uma empresa diferente, todas precisando chegar ao local antes de o gerente ir embora, para que se confiram todos os desacionamentos. E ainda restam os fornecedores. Materiais de construção, móveis, comunicação visual... uma loucura.

Precisamente às 19 horas da sexta-feira tudo isso tinha sido superado. Eu tinha passado as últimas duas horas correndo (e pendurado ao telefone) para garantir que todos os agendamentos fossem cumpridos. E foram, apesar de alguns sustos e mudanças de última hora. Construtora a postos, material à disposição, cronograma alinhado, tudo tranquilo. Despedi-me do engenheiro da construtora, deixei meus contatos à disposição, desejei boa sorte e fui aproveitar a noite de sexta-feira.

No meio da madrugada, toca o telefone e acordo sobressaltado: era o engenheiro. Nada de piadas com a rivalidade com arquitetos, mas telefonema àquela hora só poderia ser problema. Sem controlar os pensamentos, mil teorias se formaram na

80 LIÇÕES APRENDIDAS EM PROJETOS

minha cabeça: "esqueci de solicitar o desligamento de algum alarme", "houve um acidente", "faltou material", "o gerente fez uma visita surpresa e não gostou de alguma coisa"... alguns segundos depois, lembrei de falar:

— Alô.

— Boa noite, Fernando, desculpe a hora. Temos um problema.

Mas isso é óbvio, fala logo, pensei eu. Mas me contive. E retruquei, meio calmo:

— Boa noite. Pode falar.

— Pois então, a obra parou.

Mais uma obviedade. Respirei fundo e perguntei, já não mais calmo:

— O que houve, homem??

— Está todo mundo rendido com as mãos na parede. Sorte que eu saí para fumar um pouco antes da brigada chegar, então me escondi atrás da árvore e te liguei.

É, teria sido uma boa ideia ter lembrado que estávamos fazendo uma obra no meio da madrugada, em uma agência bancária, e que havia um prédio residencial bem em cima dela. Eu certamente teria entrado em contato com o síndico e ele não teria chamado a polícia para denunciar uma quadrilha de assalto a bancos. E eu não teria passado a madrugada pendurado no telefone.

Torne o seu patrocinador participante do seu projeto

Cintia Schoeninger

Todo projeto é composto por diferentes pessoas e organizações. Pessoas de dentro ou de fora da equipe do projeto, assim como empresas, entidades e governos de diferentes escalas, podem ser denominadas "partes interessadas" do seu projeto. Essas partes interessadas podem influenciar positiva ou negativamente o andamento do seu projeto.

A função do gerente de projetos é gerenciar as expectativas das diversas partes interessadas de um projeto. É objetivo do gerente de projetos administrar e resolver conflitos sobre os requisitos oriundos das diversas partes interessadas, sempre comunicando os requisitos conflitantes e buscando orquestrar a equipe na resolução das divergências.

O patrocinador é uma parte interessada e tem como função dar suporte ao projeto, isto é, prover os recursos necessários para o gerente de projetos conduzi-lo. O ideal é o patrocinador escrever o termo de abertura do projeto juntamente com o gerente de projetos.

Dessa forma, ambos terão clareza dos porquês do projeto (qual a justificativa para o projeto existir), quais objetivos se deseja alcançar, como medi-los e quais be-

82 LIÇÕES APRENDIDAS EM PROJETOS

nefícios futuros são esperados do projeto – o que devemos deixar como herança para a equipe e/ou empresa, além do produto final do projeto.

Alguns patrocinadores não entendem o seu papel dentro de um projeto e muitas vezes não se empenham para estar presentes nos momentos em que são chamados. Um patrocinador deve ter a responsabilidade de definir justificativas do projeto.

Qual é a dor ou necessidade ou oportunidade que minha empresa está apresentando e como esse projeto poderá materializar uma melhoria ou gerar uma grande oportunidade de mercado que coloque a empresa em vantagem competitiva?

Muitos patrocinadores não conseguem definir objetivos *smart* para os seus projetos. Então optam por utilizar palavras subjetivas, como, por exemplo, que o projeto seja "efetivo", que seja "melhor" – não definindo de forma quantificável a sua expectativa. Pode ser que, na sua mente, o patrocinador tenha até um número para a sua expectativa, mas nem sempre o compartilha com a equipe. O patrocinador deve ter a visão holística e saber aonde o produto de tal projeto pode levá-lo.

Já o gerente de projetos muitas vezes negligencia o papel do patrocinador, não exigindo a sua participação periódica nos relatórios de status dos projetos. Afinal, o nosso patrocinador tem várias justificativas: viagens, reuniões importantes, compromissos de última hora e ligações urgentes no meio da sua reunião de projeto.

Pois bem, caro gerente de projetos, por favor cancele o encontro caso o seu patrocinador não esteja 100% comprometido com a sua reunião de trabalho ou de relatório de status do projeto. Eu errei, sim, nesse quesito. Entendia que o patrocinador realmente era uma pessoa muito ocupada e que eu deveria conduzir o projeto junto à equipe. Eu permitia que ele se afastasse no meio das reuniões ou se ausentasse. Mas qual o problema nisso?

Avalie comigo: o projeto decorre com o tempo, possui desvios, tem riscos associados e, muitas vezes (ou permito-me dizer: sempre), ocorrem mudanças no ambiente organizacional desde o início do seu projeto. E a presença frequente do patrocinador de forma ativa e efetiva no projeto apoia a priorização e o entendimento de novos riscos, cancelamentos e prioridades de atividades do projeto, em virtude das mudanças organizacionais.

Dificuldades com as Partes Interessadas 83

A ausência e falta de interação do patrocinador leva ao enfraquecimento do projeto perante os demais projetos do portfólio da empresa e permite que as mudanças organizacionais impactem profundamente o seu projeto, pois apenas quando as mudanças o atropelarem é que você as perceberá. Então aprenda comigo: traga o patrocinador para efetivamente participar do seu projeto (ele querendo ou não).

Deixe claro o que você espera dele durante todo o projeto. Cancele e reagende reuniões em que o patrocinador falta. Não permita que o projeto avance sem a participação do seu patrocinador (atrase o projeto pela falta do patrocinador).

Agindo dessa maneira, você garante que o patrocinador e a equipe entendam suas efetivas interações de trabalho, ou você terá a percepção de que realmente o seu projeto não é assim tão importante para a empresa, de modo que tanto faz se ele acontecerá ou não.

Fique atento: existem patrocinadores que não querem que o seu projeto aconteça. Mas isso é situação para outra história.

Sabotagem inconsciente

Leandro Vignochi

Por incrível que pareça, ocorre de o proprietário, acionista, patrocinador e até mesmo o gerente do projeto sabotarem o projeto, causando prejuízos e quebras de relacionamentos que nunca mais serão reatados. Isso realmente acontece, mesmo sendo inconscientemente.

Tenho um exemplo real para contar. Tratava-se de um projeto de implantação de sistema com envolvidos externos. Por ser implantação de um sistema, era muito mais abstrato e intangível do que construir um prédio ou estruturar um setor. Em se tratando de gerenciamento de projetos, a maturidade do diretor era nenhuma, porém o projeto tinha uma visibilidade enorme na organização. Portanto, ele exigiu ser o patrocinador do projeto, e eu, por falta de tato, cometi o erro de aceitar a proposta sem uma conversa de alinhamento de intenções, algo que deve vir bem antes do termo de abertura do projeto.

No início, o patrocinador fez questão de participar de todas as reuniões com fornecedores. Achei ótimo, mas foi só no início. Após duas ou três reuniões, o diretor sumiu, sempre tinha algo mais importante a fazer ou outra reunião, a ponto de o projeto parar por falta de definições em processos decisórios que eram única e exclusivamente de sua competência. O tempo foi passando e o projeto atrasando. Tentei algumas mensagens por e-mail para ter resposta e continuei sendo ignorado. Mesmo relutante, resolvi ter uma conversa franca com o diretor, deixei de lado o relatório do projeto e os termos técnicos de gerenciamento e perguntei o que ele esperava do projeto além do objetivo e qual era o seu desconforto em relação ao projeto. Ele me respondeu:

— Suas reuniões não me dizem nada. Não compreendo o que vocês falam.

Refletindo sobre a conversa, fiz então a minha primeira leitura: errei e fui incompetente ao não perceber que o diretor estava lá pela visibilidade do projeto e não para falar com siglas de gerenciamento de projetos ou de tecnologia da informação. Por insegurança e vergonha estava, inconscientemente, sabotando o projeto.

Resolvi parar o projeto por cinco dias e me reuni com as equipes interna e externa para que alterássemos a forma de abordagem da comunicação do projeto, eliminássemos siglas como WBS ou CPM e falássemos sobre entregas do projeto ou atividades que atrasariam todo o projeto. Pode parecer uma adequação fácil, mas imagine especialistas apaixonados pelas suas habilidades terem que mudar o vocabulário e a forma de abordagem.... não foi nada fácil, tanto é que decidimos fazer um ensaio para cada reunião com o diretor.

A segunda atitude foi um evento com o diretor para explicar a nossa falta de tato e pedir um voto de confiança para que retomássemos o projeto com a sua presença e interação, tanto no andamento dos projetos como nos processos decisórios. A conversa foi excelente. Terminamos com ele me agradecendo e literalmente dizendo que se sentia acolhido pela oportunidade.

Retomamos o projeto, agora entendendo as expectativas do diretor e utilizando a mesma abordagem para outros membros da equipe. Nossa! O projeto deslanchou! Alegria!

Hoje inicio todos os projetos com uma análise das expectativas dos patrocinadores e primo pelo diagnóstico das suas habilidades em gerenciamento de projetos, atentando também para o modo e a frequência com que eles gostariam de ser comunicados.

Cliente tem sempre razão?

Fernando Bartelle

Essa é talvez uma das máximas mais conhecidas no mundo. Todos já ouvimos essa frase muitas vezes. Ela busca dar importância para o cliente, buscando que este seja sempre bem atendido.

Isso é importantíssimo, claro. Orientar os projetos para atender às expectativas das partes interessadas (entre as quais, o cliente) é critério de sucesso, de forma geral. Se não satisfazemos as expectativas, não atingimos os objetivos que motivaram a existência do projeto como um todo. Em suma, certeza de fracasso.

Sendo assim, precisamos sempre levar em consideração o que o cliente, além das demais partes interessadas, diz. Porém, levar a frase "o cliente sempre tem razão" ao pé da letra pode ser um desastre.

O problema é que o cliente é especialista no produto-fim da sua empresa. Os projetos podem ter muito a ver com isso, algo a ver com isso ou absolutamente nada a ver com o *core business* da empresa.

Projetos são meios de atingir a estratégia. A estratégia, entretanto, pode atender ao negócio direta ou indiretamente. Podemos melhorar um produto alterando o próprio. Nesse caso, o projeto atende diretamente ao produto. Mas a estratégia pode visar reduzir custos através de, por exemplo, um plano de reaproveitamento de recursos naturais na fábrica. Nesse caso, a empresa que produz pneus pode não ter especialistas em reaproveitamento de água.

O gerente de projetos não necessariamente é um especialista no negócio onde o projeto sob sua batuta está inserido. Ainda que estude a fundo, irá consultar a opinião especializada (que pode estar na estrutura do cliente ou em uma consultoria externa) para questões específicas e manterá seu perfil de especialista em projetos.

Se cada um mantiver seu papel e utilizar seus conhecimentos, todos terão razão e poderão construir as decisões mais corretas em conjunto, desde as definições iniciais do projeto.

Em um estágio que fiz quando ainda estava na graduação, trabalhei com projetos e obras em um escritório de arquitetura. Minha chefe era uma pessoa muito carismática e tinha sempre ótimo relacionamento com seus clientes.

Um dos nossos projetos era uma reforma de um conhecido restaurante da cidade de Porto Alegre. O dono, figura conhecida na cidade, era um senhor já de certa idade e dotado de uma simpatia fora do comum. Tinha um restaurante tradicional, de família. E queria fazer uma ampliação para ter uma área de eventos.

O escopo parecia muito simples. Mas, muitas vezes, nosso cliente acordava "inspirado".

— Minha arquiteta favorita! Precisamos conversar. Acordei com algumas ideias.

Eu já entrava em pânico. Em uma dessas, ele acordou e tinha sonhado com uma padaria. Queria que mudássemos o projeto todo e colocássemos uma padaria no segundo andar. Tudo com a obra já andando...

Assim, aprendi desde muito cedo a necessidade de termos diálogos francos e abertos com os clientes. Fazer aquele senhor entender o custo e o tempo que iríamos adicionar para atender a cada uma das novas ideias foi um grande desafio, do qual tive a sorte de fazer parte.

Muita gratidão à chefe, que foi um primeiro modelo de gerenciamento de expectativas de partes interessadas, ainda que eu não fizesse ideia do que era isso naquela época...

Acordos necessários com os patrocinadores do projeto

Cintia Schoeninger

Patrocinadores dos projetos geralmente são diretores e/ou clientes finais da empresa. Os diretores são patrocinadores de projetos ligados à estratégia da empresa. Já os clientes finais estão adquirindo o produto do seu projeto. Tanto diretores quanto clientes finais têm a função de patrocinador.

Geralmente nossos patrocinadores são clientes finais e os diretores que fornecem auxílio por meio de recursos e equipes definem custos, marcos, prazos para os nossos projetos e, sim, devem dar suporte ao gerente do projeto quanto a mudanças ambientais estratégicas, apoiando-o nos riscos do projeto e oferecendo a sua visão ampla de negócio.

É muito importante a perspectiva das mudanças estratégicas e de variáveis do ambiente durante todo o tempo do projeto. O patrocinador é o responsável por trazer essas perspectivas estratégicas e de negócio para o interior do projeto. O patrocinador tem o entendimento amplo da estratégia e, com isso, visualiza sob uma perspectiva de negócio que a equipe do projeto não está focada.

Com o passar do tempo, as variáveis ambientais e estratégicas podem mudar e, com isso, impactar o projeto – e isso precisa ser tratado, pois o projeto não deve entregar algo que não seja aderente ou que não materialize os objetivos estratégicos da empresa.

Saliento que o gerente do projeto vivenciará duas situações que precisam da interferência e da comunicação com o patrocinador do projeto:

1. Comunicações do andamento do projeto: são agendas predefinidas que devem acontecer dentro do projeto. O objetivo dessa reunião é reportar o andamento do projeto de forma clara e objetiva, bem como entender os riscos sob a perspectiva do patrocinador. Note que, com o passar do tempo e o decorrer do projeto, as variáveis estratégicas podem sofrer interferências e a visão do patrocinador precisa ser realinhada, assim como o projeto.

2. Existe também a necessidade de acordar com o patrocinador as comunicações esporádicas, que não possuem periodicidade predefinida e ocorrem por "gatilhos" durante o andamento do projeto. Aqui temos que ter claros os "gatilhos" que disparam a necessidade dessa comunicação. Acorde esses "gatilhos" na abertura do seu projeto. Lembre-se: combine suas responsabilidades e sua autonomia na abertura do seu projeto.

Por exemplo: que regra você deve estabelecer para o "gatilho" da comunicação? Problemas de nível estratégico no projeto são "gatilhos" que o gerente do projeto, em muitas situações, não tem autonomia para tomada de decisão. Logo, esse "gatilho" aciona uma comunicação com o patrocinador, com o objetivo de expor objetivamente a situação e propor soluções, para que o patrocinador avalie e proceda com o processo decisório. Lembre-se: não leve problemas ao seu patrocinador, leve soluções para as questões estratégicas/táticas com argumentação e indicadores para o processo decisório. Construa as opções possíveis com a sua equipe e especialistas.

Já com relação a problemas de cunho tático/operacional, o gerente de projetos deve buscar autonomia no início do projeto para resolver junto à equipe e/ou a especialistas.

90 LIÇÕES APRENDIDAS EM PROJETOS

Portanto, ao abrir um projeto, crie critérios/regras com o seu patrocinador a respeito das suas autonomias junto aos seus especialistas. E para as situações diante das quais o patrocinador, no início do projeto, não lhe permite autonomias – enfatize – você solicitará a reunião esporádica para processo decisório. Lembre-se: nessa situação, suas reuniões serão pontuais, por conta do processo decisório do patrocinador. Nesse caso de comunicação, não temos periodicidade definida. Crie critérios com o seu patrocinador, já no início do projeto, com relação às autonomias de alterações de escopo que impactem em prazo, custo e/ou requisitos de qualidade do produto do seu projeto. Defina margens da sua autonomia. Isso é importante para você não ficar dependente de processos decisórios a cada alteração de escopo.

Mas voltando à reunião com patrocinadores, muitas vezes eu abri mão de uma documentação a respeito do que foi conduzido na reunião devido ao tempo escasso que o patrocinador destinava para as reuniões de status do projeto ou mesmo para as reuniões esporádicas. Então eu me adequava ao tempo que a patrocinador me destinava, afinal, entendia que ele era uma pessoa muito ocupada. Negligenciei o desenvolvimento do termo de aceite ou de uma ata dessa reunião. E, claro, mais adiante eu precisei ter tal documento formal e adivinhe... eu não o tinha. Eu, a gerente do projeto, negligenciei uma ferramenta que poderia me apoiar no futuro.

Ao preparar a sua reunião com o patrocinador, deixe sempre pronto um termo de aceite ou uma ata de reunião dos assuntos tratados. Imprima e deixe espaço para anotações manuais durante a condução da reunião. Esse documento lhe será útil. Tenho certeza disso. Não fique constrangido de preencher à mão parte da ata ou termo de aceite, isso não é o foco da gestão. Foque na documentação dos assuntos e processos decisórios tratados. Não se esqueça de solicitar a assinatura do seu patrocinador. Isso faz com que ele se comprometa com as decisões, pois sabe que existe a documentação formal e explícita.

Outra sugestão: não escreva coisas com duplo sentido: "eu gostaria que...", "será que seria possível você...". Isso deixa margem para posteriores discussões. Escreva o que você "quer", "vai atuar assim...". Não tente ser sutil. Seja sempre educado e profissional. Seja claro, esse é o seu momento com o patrocinador do seu projeto. Muitas vezes, eu mesma quis ser educada, não constranger outras pessoas e não colocar os assuntos de forma clara. Sempre que tratei dessa forma sutil tive problemas de entendimento, dando ensejo à compreensão dúbia ou até mesmo à má-fé de algumas pessoas. Seja educado, mas fale o que precisa ser dito.

Mostre sempre indicadores e prepare-se para a reunião com o patrocinador. Invista três ou quatro horas pensando como você se posicionará e apresentará o assunto. Pense em quais questões o patrocinador poderá fazer. Avalie riscos que podem ocorrer durante a sua reunião com o patrocinador. E documente os assuntos discutidos e as ações que foram definidas com prazos e responsáveis.

Ah, sim, não permita que a sua reunião seja feita quando sobrar tempo – prepare e execute uma reunião de qualidade com o tempo que a sua pauta exigir. Não permita que outros definam o seu tempo.

Negligenciar a comunicação e/ou não documentar os relatos feitos para o patrocinador vão impactar profundamente o seu projeto, não tenha dúvidas disso.

A história por trás da história

Leandro Vignochi

A partir do momento em que você entra em um projeto, é necessário deixar claro que o gerente de projetos somente divide os méritos – portanto, o fracasso é somente dele. Com essa diretriz, não adianta buscar culpados e vitimar-se: o gerente de projetos tem autoridade e responsabilidade e apenas delega a autonomia para que a equipe realize o trabalho conforme avaliado e combinado. Tudo o que ocorrer de errado é culpa do gerente de projetos, com doses maiores ou menores, e, em muitas oportunidades, você terá de ir além das boas práticas de gerenciamento de projetos para entender o projeto e buscar o sucesso.

Uma situação interessante que ocorreu comigo em um projeto do qual eu era o gerente foi o erro de não ir além do mapeamento dos objetivos técnicos e tangíveis de um projeto extremamente técnico que tratava da estruturação de um setor modelo dentro de uma indústria de manufatura. Tudo muito comum e tranquilo, considerando a complexidade e a incerteza do produto do projeto, que, no meu caso, eram baixas em função de ter executado esse tipo de projeto em outras empresas e também pelo fato de ter feito outros projetos nessa empresa. Parecia tudo muito regular e previsível, e iniciei o projeto com foco nos objetivos baseados no conceito de redução de desperdícios, de acordo com o modelo de produção enxuta muito utilizado pela Toyota. Tudo muito claro e coerente, tratado como um projeto.

Porém, cometi um erro crucial: não me detive a entender o real benefício que o proprietário da empresa queria atingir e deixei passar despercebido o sentimento dele perante o projeto e o que ele esperava, além das entregas técnicas. Por tratar-se de um cliente de longa data, que tenho como amigo, percebi que havia um desconforto em toda atualização do projeto, mesmo mostrando os bons resultados por etapas. Foi então que resolvi abordá-lo e convidá-lo para jantar. Tivemos um jantar agradável, com piadas e boa comida, típica da região da Serra Gaúcha, local onde situava-se a indústria em questão. Conversa vai... conversa vem... até que, em um momento específico, após duas taças de vinho, perguntei diretamente para meu amigo cliente:

— Afinal, João, o que está te incomodando neste projeto, que você não esboça um sorriso sequer quando atingimos os objetivos?

Ele me respondeu em segundos:

— Leandro, o projeto está ótimo, só que eu nunca quis um setor modelo, o que eu queria é que meu filho assumisse responsabilidades na empresa e aprendesse a gerenciar projetos com qualidade.

Que droga... percebi meu erro de imediato. Fui direto para a técnica de gerenciamento de projetos, sem acolher o principal envolvido e sem entender os sentimentos do patrocinador. A partir daquele jantar, tive de transformar o projeto em uma escola para um único aluno, o filho do dono, através da programação de novas entregas que pudessem inseri-lo no projeto, como, por exemplo: capacitações, conhecer outras empresas, atribuições de monitoramento e controle do projeto e análise constante do escopo do projeto.

Aprendi que sempre pode existir algo por trás do objetivo do projeto. A partir daquele projeto, tenho como hábito elaborar todo o planejamento do projeto e apresentá-lo para o patrocinador com pragmatismo, de acordo com as boas práticas consolidadas. Após esse momento técnico, fico a sós com o patrocinador e realizo um processo de acolhimento, no qual investigo com tranquilidade quais são as suas dores referentes aos processos, às deficiências técnicas e, principalmente, questiono-o sobre o benefício que ele deseja obter daquele projeto, no que diz respeito aos propósitos de transformação das pessoas de sua organização. Assim eu tenho uma excelente visibilidade acerca do real benefício do projeto e descubro a história por trás da história, que mudará completamente o desenvolvimento do projeto.

Siga essa dica! Provavelmente você não repetirá o meu erro!

O Caos no Planejamento (Escopo, Tempo, Mudanças)

Falha na construção da EAP

Cintia Schoeninger

A Estrutura Analítica do Projeto – EAP (em inglês *Work Breakdown Structure* – WBS) – é uma ferramenta que tem origem na primeira metade da década de 1970, dentro do Departamento de Defesa dos EUA[1] e foi incorporada pelo PMI no guia *Project Management Body of Knowledge* (*PMBOK° Guide*), em 1987.

O maior benefício do uso desta ferramenta, a EAP, é o poder de visualizar todo o projeto de forma estruturada, dividido em partes. Essa visão geral do projeto, segundo o Departamento de Defesa dos EUA, permite validar que todas as entregas necessárias para a concretização das metas, dos objetivos e do ciclo de vida do projeto serão desenvolvidas ou trabalhadas pelo projeto. Definida a EAP, definimos e gerenciamos de forma eficaz e racional os custos, o cronograma e os relatórios de desempenho do projeto.

Se estão claros, na abertura do projeto, os motivos, justificativas ou porquês do projeto, seus objetivos, metas, benefícios futuros e requisitos das partes interessadas, então está na hora de você abrir a EAP – Estrutura Analítica do seu Projeto. Você deve investir tempo juntamente com a equipe do projeto para identificar todas as entregas do seu projeto e, além disso, escrever, sempre, um pequeno dicionário para

---

1 Referência de: <http://quicksearch.dla.mil/qsDocDetails.aspx?ident_number=36026> –Revisão C do documento MIL-STD-881C (datado de Oct. 03 2011). Acesso em: 23 mar. 2018.

O Caos no Planejamento (Escopo, Tempo, Mudanças) 97

cada entrega, ou seja, tenha uma descrição mais ampla da entrega e do seu significado, bem como do nível de qualidade da entrega.

Muitas vezes, eu mesma negligenciei esse detalhamento da entrega dentro da EAP. Confiava na minha memória e, principalmente, tinha convicção de que todos haviam entendido a entrega como eu – que todos estávamos visualizando a mesma entrega. Mas, em vários momentos, verifiquei que eu havia falhado. Na reunião seguinte, não recordava mais o que de fato a tal entrega significava e retomávamos discussões anteriores, pois a equipe não concordava com o entendimento da entrega a ser trabalhada. Retrabalhávamos e gerávamos conflitos desnecessários. Como gerente do projeto, eu não deveria permitir que se passasse a outra atividade sem antes verificar e documentar que todos estavam olhando para a mesma entrega e para a sua qualidade.

Outra falha na construção da EAP foi quando negligenciei entregas intermediárias necessárias para a realização da entrega final. Por exemplo, no projeto X, era necessário definir os novos produtos, fazer a composição de custo dos novos produtos e entregar o plano comercial para os produtos. Pois bem, definir os produtos não correspondia a alguém dizer quais produtos seriam comercializados por decreto, mas, sim, englobava fazer pesquisa de mercado para identificar quais produtos seriam mais facilmente comercializados, ter claro o motivo de iniciarmos a comercialização do tal produto, verificar a disponibilidade de matéria-prima, entre outros critérios.

A composição dos custos poderia influenciar na priorização e seleção dos produtos e, para fazer a composição de custos, precisávamos ter a definição dos novos produtos; portanto, eram entregas dependentes uma da outra. Expliquei também que o plano comercial envolvia muitas outras atividades (que foram sempre detalhadas no cronograma a partir da EAP). Mas, mesmo assim, quando da entrega das atividades, e, consequentemente, da entrega definida na EAP, a qualidade do plano comercial foi muito fraca. A entrega do plano comercial foi realizada para cumprir cronograma. Então avaliei que minha EAP e, consequentemente, as entregas estavam falhas.

Eu deveria ter definido uma entrega de treinamento para o plano comercial – não poderia ter deixado o prazo correr – com risco de o plano comercial ser ineficaz quando entregue. Executei verificações intermediárias, mas não adianta você fazer as verificações intermediárias e não ser firme a ponto de parar a entrega e inserir outra

98 LIÇÕES APRENDIDAS EM PROJETOS

atividade no cronograma, como capacitação ou treinamentos. Não poderia ter deixado que o plano comercial fosse apenas um documento no Word bem formatado e sem propósito. Muitas vezes, é importante identificar o risco de as equipes não terem maturidade para realizar as entregas. Portanto, além das entregas técnicas no projeto, é preciso inserir entregas de treinamento, capacitação e *benchmark* antes da equipe realizar a tarefa de fato. Ela precisa entender o propósito e como fazer a tarefa.

Em alguns casos, essas inserções de treinamentos e capacitações envolvem custos não estimados e mexem com os egos de alguns gerentes, que preferem dizer que sabem fazer a solicitar ajuda e justificar um custo extra do projeto. Mas lembre-se de que esse custo vai aparecer na capacitação extra ou futuramente, na entrega malfeita, com perdas enormes para os objetivos do projeto, com retrabalho e desperdício de tempo. O que é mais caro: investir e ter um plano comercial efetivo agora ou gastar com o descumprimento de metas do projeto lá na frente?!

Quando suas verificações de entrega apontarem para a baixa maturidade na execução, pare imediatamente seu projeto e faça uma alteração de escopo, inserindo capacitações e/ou visitas e *benchmarks*. Mapeie o risco da sua EAP não estar completa e acorde com a equipe a resposta aos riscos. O projeto vai parar, novas entregas serão inseridas e, posteriormente, segue-se com o projeto. Peça que a equipe sinalize essas necessidades de capacitação – pois, se for necessário, você vai parar o projeto. Deixe claro à equipe que egos e falta de humildade em dizer "não sei, por favor, me ajuda" não cabem em uma equipe de alta performance em projetos. Não permita que a sua EAP esteja incompleta, incompreensível e fraca, pois ela é a base dos custos, do cronograma e dos relatórios de desempenho do projeto.

Controle de fato as alterações de escopo do seu projeto. Isso lhe será útil

Cintia Schoeninger

Como é empolgante o iniciar de um projeto. Apesar da alta incerteza no início, geralmente estamos sempre muito motivados a entender e planejar o projeto. O planejamento inicia e volto a ressaltar a importância de termos claro o "porquê" do projeto, quais as dores ou justificativas que fazem o projeto existir. Ou, ainda, qual a oportunidade que esse projeto abrange – pensando melhor: e se esse projeto não se concretizar ou não atingir seus objetivos? Como a empresa ficará perante mercado, parceiros e clientes? Esteja certo de que você precisa responder a todas essas perguntas.

Além do "porquê", não se esqueça de definir os objetivos do projeto de forma realista, atingível e mensurável – que se possa medir – dentro de um período de tempo. Seja específico com a definição do seu objetivo. Invista tempo em entender claramente os objetivos, de forma que você ou qualquer membro da sua equipe consiga medir esse objetivo.

Essas perguntas iniciais sobre o "porquê" e quais objetivos do projeto são essenciais para nos apoiar na gestão da mudança. Sim, mudanças vão ocorrer durante

100 LIÇÕES APRENDIDAS EM PROJETOS

o seu projeto, e quanto mais avançado você estiver no planejamento ou na execução do seu projeto, mais caras e difíceis de serem incorporadas serão as mudanças. Mas deixar de olhar para as mudanças ou até mesmo não incorporá-las pode não ser a melhor estratégia.

Mudanças são boas e bem-vindas quando apoiam e aumentam suas chances de sucesso, isto é, se uma mudança no seu planejamento ou na execução do projeto aumenta suas chances de atingir os objetivos do seu projeto ou melhora a performance dos objetivos mensuráveis do seu projeto, então, por favor, inclua a avaliação da mudança. Não indefira de imediato a mudança, alegando que mudança não é bom para o projeto. Entenda a mudança e tenha uma regra de solicitação de mudança clara para toda a equipe do projeto. Defina as informações mínimas necessárias para se abrir uma solicitação de mudança. Solicite alinhamento da mudança com os "porquês" do projeto e seus objetivos. Defina um fluxo de solicitação, avaliação, retorno da avaliação ao solicitante e à equipe e, se a mudança for incorporada, defina como essa mudança será inserida no projeto.

Note que, para fazer com segurança a inserção de uma mudança, você deve ter feito com maestria a iniciação do seu projeto: pensando e documentando com clareza os "porquês" e os objetivos – essas tarefas iniciais apoiam a avaliação da mudança. Avalie os riscos da incorporação da mudança e da não incorporação da mudança. Tenha os custos da mudança claros para fazer uma avaliação do custo-benefício da incorporação da mudança. Mais uma vez, abuse do cuidado e da atenção na solicitação, avaliação, comunicação da decisão e, se necessário, na incorporação da mudança no seu projeto. Muitas mudanças são incorporadas sem nenhum critério e fazem com que todo um planejamento inicial se invalide.

Já participei de muitos projetos nos quais, ao final, o planejamento não refletia mais o projeto executado, pois as mudanças não foram planejadas, avaliadas e incorporadas como um processo claro. A mudança pode descaracterizar seu projeto, dar autonomias a pessoas do projeto que na verdade não a têm e, principalmente, transforma o seu projeto em algo que de fato não era o que se desejava. As pessoas devem entender que a gestão de mudanças é importante e requer planejamento, processos claros e níveis de suporte à decisão. Não é possível que toda e qualquer mudança siga o mesmo fluxo.

É preciso criar graus de autonomias para o processo decisório de incorporação das mudanças. Até um determinado custo e impacto, a equipe tem autonomia para decidir a incorporação ou não da mudança. Contudo, se a mudança tem impacto em custo acima de X, tempo acima de Y e qualidades ou objetivos, bom, então é preciso avaliá-la junto ao comitê, que pode envolver patrocinador e outros especialistas para a tomada de decisão. Registre essa tomada de decisão e lembre-se de que, futuramente, você pode ser cobrado pela incorporação ou não de mudanças. Você precisa estar seguro quanto às análises realizadas no momento da avaliação da mudança.

A mudança, quando bem gerenciada, é um ativo importante para o sucesso do seu projeto.

Se quiser fazer rápido, faça com calma

Fábio Giordani

A realização dos grandes eventos esportivos sediados no Brasil nos últimos anos gerou situações que, até então, eram novas para muitas áreas de negócios e colocaram à prova nossa capacidade de organização e entrega da infraestrutura para que tudo ocorresse da melhor forma possível. A expectativa prévia de tranquilidade, compartilhada pelos países participantes com base em eventos realizados anteriormente em outras nações, não parecia se confirmar em determinados momentos, devido ao atraso em várias obras.

Em uma destas, a construção da edificação que seria a base de controle para uma parte significativa do evento demorou mais do que o esperado. Atrasos em obras civis ocorrem por diversos motivos, como excesso de chuvas, atrasos em materiais, problemas em liberações ambientais ou trâmites burocráticos, manifestações ou greves das associações de classe dos trabalhadores, entre outros. Neste caso, em específico, além dos itens citados, contávamos com alguns equipamentos importados para a infraestrutura de tecnologia. E, adicionando mais um elemento ao contexto, tais equipamentos ficaram retidos em canal vermelho na importação, ajudado pela operação padrão na fiscalização dos portos, realizada pelos servidores da Receita Federal, no uso de seu legítimo direito de reivindicar maiores salários.

Soubemos que nossos equipamentos não eram os únicos que estavam com atraso para o projeto do cliente, mas tal situação impediria o funcionamento de uma parte relacionada à bilhetagem, o que geraria grande impacto financeiro no evento.

Durante o planejamento das ações e o levantamento dos requisitos, o cliente, já assoberbado com outras demandas e investindo grande esforço na gestão de vários atrasos – além dos de infraestrutura de tecnologia –, não conseguiu dedicar tempo necessário para as definições de alguns itens simples, mas de grande importância, relacionados ao padrão de nomenclatura de volumes de armazenamento de dados. Sugerimos, então, um padrão adotado em vários outros projetos, que foi prontamente aceito pelo cliente, sem mesmo ter analisado a proposta adequadamente.

Enfim, com os componentes entregues e devidamente instalados, era hora de verificar as configurações e a entrega do ambiente funcional para que as aplicações de serviços do cliente pudessem ser disponibilizadas para a organização. Ao fazer o compartilhamento do ambiente configurado conforme as definições feitas junto do cliente, ele não aceitou o padrão de nomenclatura utilizado, que, por indefinição de sua parte, acabamos por sugerir um padrão de outros projetos, e que ele já havia aceitado.

Na arquitetura pela qual ele optou, não é pequeno o esforço para a troca dessa informação, e isso envolve atividades em várias camadas da tecnologia. A tarefa foi dividida entre dois profissionais técnicos que estavam atendendo ao cliente, e cada um atuou em uma parte das camadas de tecnologia envolvidas na solução. Depois de mais de três horas, as alterações estavam realizadas, e o ambiente estava disponível para o cliente.

Uma semana depois da entrega e da atividade em operação, ocorreu uma falha no ambiente que comprometeu a disponibilidade de um dos serviços. Nosso time foi acionado e, ao buscarmos a causa do problema, identificamos que um dos nomes estava errado em uma das camadas da solução. Uma letra trocada. Um erro simples, incomum, mas fatal em um ambiente de tecnologia.

104 LIÇÕES APRENDIDAS EM PROJETOS

Isso não acontece corriqueiramente. Vários projetos com complexidade muito grande são entregues por ano, e casos como este são muito raros. Os níveis de documentação e de formalização que os projetos têm, nessa área, contribuem muito para minimizar riscos desse tipo. Ao analisarmos quais condições haviam levado à falha, questionamos os dois profissionais envolvidos sobre o procedimento para fazer as trocas de nomes:

— Como foi feita a troca dos nomes?

— Estávamos na sala de guerra do projeto, com outros cinco ou seis profissionais de outras áreas que conversavam sobre o atraso de uma entrega. Eu estava na mesa à frente do Fulano, e fomos trocando os nomes em conjunto. Eu falava o nome a ser trocado, ele trocava nas camadas A e B, e eu, nas camadas C e D.

— Mas vocês fizeram um batimento dos nomes entre camadas após as trocas?

— Sim, ele foi lendo os nomes que tinha alterado, e eu confirmava.

— Um em cada máquina, ou seja, um de cada lado da mesa?

— Isso.

Um descuido simples. Em vez de ajustarem os novos nomes, na documentação do projeto, ou mesmo fazerem uma tabela "DE/PARA", ambos prestaram atenção no mesmo documento, tendo a mesma informação para ganhar tempo e liberar rapidamente o ambiente. Em algum momento desse processo, em meio a um ambiente de trabalho com ruído e interferências e sem validação visual, uma letra N virou M.

Dizem que um erro não ocorre devido a uma única falha, mas, neste caso, temos pelo menos (e não somente) várias falhas:

✓ O cliente não dedicou o tempo adequado para as definições iniciais.

✓ O cliente aceitou uma sugestão sem tê-la avaliado.

✓ Os nomes foram trocados sem seguir o procedimento de documentação.

✓ Funcionários trabalhando em ambiente com ruído, trocando informações importantes oralmente.

✓ Ausência de conferência das configurações entre as camadas antes da liberação.

O resultado da reunião de causa-raiz é que o tempo para obtermos as definições corretas é extremamente importante, mas a documentação para o registro correto da informação, em caso de alterações, é mais importante ainda. Os nomes poderiam ter sido escritos em um guardanapo de papel, e ambos teriam olhado para o mesmo guardanapo.

Nesse contexto, a expressão "se quiser fazer rápido, faça com calma" se justifica. O tempo para a correção do erro e o impacto gerado por uma letra trocada poderiam ter sido evitados por meio de um simples e-mail com os nomes corretos a serem utilizados ou uma anotação em um pedaço qualquer de papel... nem que fosse um guardanapo.

Tempo de folga

Fábio Giordani

Certas atividades necessitam inevitavelmente que alguns equipamentos sejam desligados – e, mesmo com uma estrutura concebida para ser redundante e funcionar em alta disponibilidade, há questões de risco envolvidas e de capacidade de atendimento de demanda sem parte dos componentes que necessitam ser trabalhados em operação que acabam justificando o estabelecimento de um período de indisponibilidade para que a manutenção possa ser realizada. Esse período fora de operação é denominado de janela de parada.

O cálculo do tamanho da janela considera todas as operações que necessitam ser feitas com a operação parada, mais tempo de retorno (chamado *rollback*) em caso de falha na execução de alguma das etapas do trabalho e uma folga, acordada com o cliente.

O projeto envolvia a expansão de capacidade de armazenamento de dados do cliente, sendo que novos componentes seriam adicionados à estrutura e um componente interno do equipamento que estava em funcionamento seria trocado. Previmos uma janela de quatro horas para realizar as atividades envolvidas nessa entrega para o cliente.

Às 7h30min eu fiz uma ligação para os profissionais que fariam a atividade no datacenter, visto que estava em viagem e não acompanharia presencialmente a entrega.

O Caos no Planejamento (Escopo, Tempo, Mudanças) 107

Meu telefone toca próximo das 8h. Um dos profissionais me informa que um dos pré-requisitos sob responsabilidade do cliente não havia sido atendido. O *backup* das informações não estava garantido. Conversei com o cliente, já propondo o cancelamento da janela pelo risco envolvido em um trabalho onde trocaríamos um componente que gerenciava o acesso aos discos de armazenamento de dados. O cliente argumentou que uma nova janela seria possível somente no outro mês e que o impacto de não realizar a operação naquela data seria muito grande, nos pedindo mais 1 hora para finalizar o *backup* dos dados. Isso nos tiraria um pedaço do tempo que colocamos como folga, o que foi reforçado com o cliente e que nos tirava certa tranquilidade que tínhamos para a execução das atividades na janela. Após desligar o telefone, enviei o famoso e-mail "Conforme conversamos..." de maneira a formalizar nossa preocupação.

Com o *backup* terminado próximo das 9h, iniciamos as atividades programadas. Todas as ações de troca do componente foram realizadas com sucesso, sendo os testes feitos e a alteração homologada junto ao time do cliente pouco depois das 10h. Tínhamos 1 hora para adicionar o novo componente, reservando 1 hora para *rollback*. Não havia mais tempo para contornar eventuais problemas, o que compartilhamos com o cliente e este optou por prosseguirmos, mesmo sem mais nenhum tempo de folga para contornar eventuais imprevistos.

Partimos então para as atividades de expansão do ambiente com a adição do novo componente na solução e realização dos ajustes necessários nas configurações para que o novo componente fosse reconhecido. Tudo pronto, mas ao realizar os testes vários serviços não foram disponibilizados pela solução.

Já nos aproximávamos das 11h e o nervosismo começou a se manifestar no time. Revalidação dos procedimentos físicos executados e tudo certo. Revalidação dos passos para reconhecimento do novo componente e tudo certo. Revalidação dos procedimentos para religar o ambiente e tudo certo... vamos para a verificação de registros (*logs*) em busca de falhas, mas nada é identificado. Ao tentar fazer funcionar individualmente os serviços que não haviam sido disponibilizados, eles simplesmente não respondiam.

108 LIÇÕES APRENDIDAS EM PROJETOS

Reunião por telefone com o cliente, que estava presencialmente no datacenter. Detalhamos a situação e tínhamos apenas duas possibilidades: desfazermos as alterações (*rollback*) ou conseguir extensão da janela. Após alguns minutos o cliente pede para que prossigamos, pois ele iria se responsabilizar pela extensão da janela e eventuais impactos.

Enquanto eu formalizava a decisão do cliente com outro e-mail "Conforme conversamos...", o time partiu para validações no ambiente de alta disponibilidade que fazia parte da solução do cliente e que fazia a gestão dos serviços, juntamente com o time de suporte aos serviços do cliente. Já eram quase 13h (janela inicial já estourada em 1 hora) quando obtivemos alguns indícios do que poderia estar acontecendo: os serviços não estavam encontrando os dados. Os endereços que estavam configurados para acessar os dados estavam vazios.

Os sistemas do cliente tinham configurações que apontavam para as posições (endereços que podem mudar) dos conjuntos de discos de armazenamento e não para os nomes (que são mais difíceis de ser mudados) de agrupamento destes. Como o novo componente tinha um desempenho maior que o anterior, ele ligava e ficava pronto para o uso antes do componente anterior, recebendo primeiro a identificação de posições dentro da solução do cliente. Como os dados das aplicações estavam no componente antigo, que tinha desempenho menor, ele recebia outras identificações de posição.

Partimos para um teste simples. Desligamos os equipamentos e, ao religarmos, deixamos o novo componente desligado, ligando-o somente alguns minutos após os equipamentos antigos estarem em funcionamento. Novos testes e tudo funcionando corretamente. Bingo! Realmente era essa a causa do problema.

Não é nada usual esse tipo de apontamento por posições, mas por algum motivo era a forma como a aplicação do cliente trabalhava – e, pela indignação do cliente ao identificarmos a causa, ficou claro que sequer ele tinha conhecimento dessa característica atípica de sua solução.

Como o cliente não queria correr o risco de ter problemas por uma eventual queda de alimentação de energia, onde o sistema de contingência elétrica não garantisse que os equipamentos não seriam desligados e os apontamentos mudassem, retornando o problema, ele optou por alterar os apontamentos.

Problema simples de resolver: atualizamos a tabela de apontamentos e em 15 minutos o ambiente estava pronto para um novo teste.

Novo teste desligando todo o ambiente e religando os equipamentos sem intervalo de tempo. Os equipamentos novos ficaram disponíveis antes dos antigos por seu melhor desempenho, mas mesmo nesse formato todos os serviços foram disponibilizados corretamente. Ambiente no ar e disponível pouco depois das 15h.

Ao contrário da resolução dos apontamentos, difícil foi justificar a extensão da janela prevista para a manutenção e contornar os impactos gerados na operação do cliente. Uma reunião de lições aprendidas com o time do cliente e uma atmosfera não muito amistosa por parte dos *stakeholders* que tiveram as operações indisponíveis por um período de quase o dobro do previsto inicialmente.

Das variáveis que não envolvem os serviços e o formato de configuração destes, o que é de domínio do time do cliente, nosso time de projeto saiu com uma certeza: jamais abra mão de sua margem de risco ou folga acordada no projeto. Caso venha a ser extremamente necessário, documente o motivo e formalize com as partes interessadas.

O requisito inesperado

Fernando Bartelle

Sempre ouvimos falar que podemos aplicar gerenciamento de projetos em qualquer área. Trabalhando com projetos sociais no PMI, aprendi que realmente podemos atingir muita gente que nunca iríamos imaginar com o conhecimento que tivemos a sorte de ir adquirindo na nossa jornada.

Essa história se passa muito antes do meu envolvimento com o PMI, ou até de ter alguma maturidade em projetos. Quando eu ainda era adolescente, meu pai me empurrava para ir à aula de inglês, enquanto eu queria jogar futebol. Ele sempre dizia "mais uma aula", "mais um mês", "mais um semestre" e eu acabava cedendo à insistência. Acabei diplomado tradutor e intérprete com 16 anos.

Graduei-me arquiteto e, em fases de vacas magras, lembrei-me de uma das maiores lições que ele me deu antes de nos deixar: "agora que tens o diploma, tens uma profissão. Mesmo se não for a que tu queiras seguir, se nada mais der certo, tu vais lembrar-se disso". Eu lembrei. E virei professor de inglês, profissão que muito me orgulha e até hoje faço questão de manter entre um projeto e outro.

Para ser sincero, encaro as aulas como projetos. Quando um aluno inicia, discutimos objetivo, traçamos cronogramas e alinhamos escopo, mesmo que ele não saiba disso...

O Caos no Planejamento (Escopo, Tempo, Mudanças) 111

Há muito tempo, tive um aluno em uma grande empresa multinacional. Cara focado, buscava a língua inglesa como forma de se qualificar para crescer na organização. Conseguiu uma bolsa de estudos pela empresa e eu ia lá dar aulas duas vezes por semana.

O foco principal era comunicação, pois ele entendia que era o mais importante para ele e achava que podia melhorar seu nível de conversação e compreensão geral. Uma área interna da empresa entraria em contato a cada certo tempo para entrevistá-lo e averiguar como andava seu progresso.

Trabalhamos para atender a alguns pontos fracos e aproveitar os pontos fortes. A evolução era visível! Então chegou o momento da primeira entrevista por telefone. Fizemos várias simulações de conversações para ele ficar mais confiante e à vontade, o que deu resultado.

Chegou o dia e a entrevista foi boa, segundo ele. Um homem ligou e fez várias perguntas, para as quais ele conseguia ter respostas. Achou que tinha errado algumas coisas, mas expliquei que isso era normal para estudantes de nível intermediário.

Seguimos nossas aulas, e o progresso continuou firme. O aluno não fazia tarefas de casa (e já tinha me alertado para isso desde o início), então fazíamos exercícios durante as aulas mesmo. De resto, ele era muito aplicado e muito interessado. O tempo foi passando e a cada entrevista ele ficava mais confiante do seu progresso.

Um ano depois, já tínhamos avançado bastante, e ele conseguia se comunicar com bem mais confiança, apesar de ainda cometer erros típicos do nível. Chegou a hora de mais uma entrevista, e para essa nem fizemos preparação específica. Ele teve a conversa com a pessoa que o avaliou e falou que tinha sido ótimo. Respondeu tudo com desenvoltura e ainda deu continuidade em alguns assuntos. Muito orgulhosos, continuamos tocando nosso plano.

Até que um dia ele ligou dizendo que teria que parar de fazer as aulas. Eu devo até ter ficado mudo por alguns segundos. Até que eu perguntei o motivo. Ele explicou que a bolsa tinha sido cancelada.

Ele não entendeu. Eu, menos ainda. E ele resolveu buscar algum motivo. Alguns dias depois, descobriu: cortaram a bolsa porque o nível que ele tinha atingido já era

112 LIÇÕES APRENDIDAS EM PROJETOS

o suficiente para o que a empresa buscava. E usariam a bolsa para agraciar outro funcionário que precisasse mais.

Sem julgar o mérito da questão, a conclusão é que muitas vezes os requisitos, objetivos e outros elementos de um projeto não são exatamente o que parecem ser. Muitas vezes, ainda que não tenha sido o caso no exemplo dado, não são nem exatamente o que está combinado ou escrito. É preciso total atenção na declaração do escopo e na coleta dos requisitos para entender exatamente o que deve ser feito.

Não teríamos mudado nada no nosso planejamento se tivéssemos entendido os critérios de oferta de bolsa, claro, mas talvez nós não tivéssemos ficado decepcionados por aqueles dias, e sim até comemorado o cancelamento do benefício...

Riscos desconhecidos

Fernando Bartelle

Passar a estudar gerenciamento de projetos é um marco importante na vida profissional de qualquer um. Há muito tempo acredito que gerenciamento de projetos é para a vida, ou seja, nos faz mudar a forma de pensar e agir.

Gerente de projetos não tira férias do papel. Só do trabalho. Quando vou sair de férias, organizo tudo como o projeto que é: negocio com as partes interessadas, alinho escopo, monto cronograma e orçamento, analiso riscos. Traço estratégias e organizo tudo às minúcias. Os passeios são estudados para entender os deslocamentos, custos implicados, atrações estratégicas... tudo para ganhar tempo depois, onde eu for estar.

A primeira lição aprendida disso é que não podemos ficar escravos do plano, ainda mais quando se trata de uma viagem de férias. Nos primeiros planos, me doía desistir de uma atração ou mudar a ordem dos programas: tinha dado tanto trabalho fazer! Mas acabei perdendo algumas oportunidades legais e insistindo em coisas das quais depois me arrependi por estar muito apegado ao plano. E resolvi mudar.

Assim, hoje, mudanças são bem-vindas, e eu sendo o meu próprio comitê de mudanças, análises de impacto são traçadas e eu mesmo aprovo (ou reprovo) em caso de necessidade de usar as reservas de tempo e dinheiro.

114 LIÇÕES APRENDIDAS EM PROJETOS

Às vezes, porém, por mais que planejemos e tentemos nos manter perto das linhas de base, as coisas podem sair um pouco (ou muito) do controle. São muitas variáveis em jogo!

Vou contar uma história que hoje acho engraçada: em uma das minhas viagens recentes, fui para a Flórida por alguns dias. Não entrando no mérito do passeio em si, que, aliás, foi muito divertido, o "causo" se passa no dia do retorno ao Brasil.

Estava hospedado em Orlando, mas meu voo de retorno era via Fort Lauderdale. Embarcaria somente à noite, mas por precaução fiz o *check-out* e peguei a estrada no meio da manhã. Tinha um carro alugado e precisaria devolvê-lo no aeroporto antes de me encaminhar ao *check-in*, portanto optei pela cautela.

O trajeto, de cerca de 340 quilômetros, normalmente é feito em pouco mais de três horas. Mais ou menos na metade do caminho, parei em um restaurante, provavelmente na altura de Port St. Lucie. O tempo não estava ruim, mas estava piorando, pois era dia 06 de outubro de 2016, véspera da chegada do furacão Matthew. E eu estava dirigindo para o sul, de onde viria o furacão.

Parênteses: sim, eu sabia de tudo isso. Por isso tinha saído tão cedo de Orlando.

Voltando ao restaurante: almocei tranquilo, mas sem me enrolar muito. Retomei a estrada com muita folga de tempo ainda. Tudo dentro do planejado. Com o tanque já apontando para a metade, resolvi parar para abastecer.

Para a minha surpresa total, o posto não tinha gasolina. Em falta, segundo o atendente. Segui de volta pela estrada e na saída seguinte parei de novo. E resultado semelhante. Mesma coisa com os próximos quatro, cinco postos. Agora eu já não tinha mais combustível suficiente para chegar ao aeroporto, e o tempo começou a ficar mais curto...

Nessas horas a gente começa a elucubrar o que fazer. Desliguei o ar-condicionado e abri as janelas. O calor era escaldante, com aquela umidade que me fazia suar profusamente. Morador de Porto Alegre, a que carinhosamente me refiro como Mordor por causa do calor abafado, me sentia em casa.

Uma última saída antes de acabar o combustível (autonomia estava em oito quilômetros, segundo o computador de bordo do carro) resultou na mesma de todas as outras. Não havia gasolina. Pedi socorro ao atendente do posto, dizendo que o carro era alugado e precisava chegar ao aeroporto para ir para casa. A resposta dele foi dar de ombros e baixar a cabeça de volta ao celular.

Entrei em um Subway e pedi ajuda à atendente:

— Bom dia, você sabe de algum outro posto de combustível nas redondezas?

— Olha, se esse daqui não tem combustível, a única alternativa é o Seven Eleven do outro lado do complexo, naquela direção. Mas realmente, com a história do Matthew, vai ser complicado achar combustível.

CLARO! Povo precavido. Alerta de furacão faz as pessoas correrem aos postos e supermercados para se abastecer! Nesse momento me sentia a pessoa mais imbecil do planeta. Mas o que fazer? Entrei no carro, fui ao último posto e tentei a sorte.

E deu certo. Com DOIS quilômetros de autonomia chegou a minha vez de abastecer. Enchi o tanque e, pela primeira vez, consegui pagar direto na bomba com o cartão de crédito (finalmente minha sorte virou!).

Devolvi o carro bem rápido, juntei minhas coisas e corri para o terminal. Cheguei a tempo de fazer o *check-in*, ainda que em estado deplorável – resultado de todo o suor, pelo calor e pelo nervosismo. Utilizei a muda de roupa que sempre levo na bagagem de mão e consegui viajar com ainda alguma dignidade.

Foi muita sorte! Peguei um dos últimos voos antes de os aeroportos fecharem. Se tivesse perdido aquele voo, só teria conseguido embarcar alguns dias depois. Um transtorno enorme.

Moral da história: planejamento e análise de riscos nunca são demais!

Entre o esoterismo e o prazo

Fernando Bartelle

Cenário clássico em projetos: chega uma demanda de um cliente, o gerente é chamado e todo o material até então conhecido é entregue pelo setor comercial, responsável pelo fechamento do contrato.

"Quando começa?"

Antes de responder à pergunta, estou usando o exemplo de uma obra porque sou profissional oriundo da construção civil.

Voltemos:

"Já começou! Amanhã já tem reunião na obra!"

Correria para entender o escopo, formular documentos de iniciação, mapear as pessoas, o escopo, as premissas, as restrições, os riscos preliminares...

Vamos para a reunião. A obra já vai começar. Mas não tem cronograma. Aliás, tem. São duas datas: início e entrega. O miolo é uma coisa desconhecida, a ser resolvida de forma esotérica.

O gerente reúne todos esses dados e gera uma Estrutura Analítica do Projeto para registrar o escopo. Coleta aprovação, faz ajustes e publica como escopo oficial.

O Caos no Planejamento (Escopo, Tempo, Mudanças) 117

Com todo o escopo registrado e hierarquizado, passa a desdobrar os pacotes de trabalhos em tarefas, e todo o resto que os profissionais de projetos estão acostumados a fazer.

Uma das etapas subsequentes é a de estimar as durações das tarefas. O *Project Management Body of Knowledge*, popular *PMBOK° Guide*, lista algumas alternativas de técnicas para estimar duração de tarefas: opinião especializada, estimativa análoga, paramétrica...

A mais usada, porém, é a técnica do "bom senso". Quer dizer que o gerente usa o Cálculo Hipotético Universal Teoricamente Embasado (dica: junte as iniciais. Aprendi esse acrônimo em algum lugar que no momento não recordo, então peço desculpas por não citar a fonte corretamente). Quer dizer, sai do cabeção do gerente do projeto.

O gerente nunca tinha erguido paredes de alvenaria, mas disse que elas ficariam prontas em duas semanas. Tampouco tinha feito limpeza dos quadros elétricos (aliás, muito provavelmente não sabia quantos eram ou que tamanho tinham), mas estimou que isso tomaria 10,367 dias.

Isso poderia ser uma anedota, mas não é. É inspirado em fatos reais. Em uma cultura que ainda desdenha da importância do planejamento, nossos clientes não sossegam até ver a execução começar. Assim, muita coisa inicia sem o planejamento adequado, e deixamos para consertar depois.

O "na obra a gente acerta" gera um sem-número de transtornos. A fama de que obra sempre dá dor de cabeça também tem a ver com essa cultura.

É possível planejar no tempo adequado e utilizar as técnicas e ferramentas de que dispomos sem ser lentos. Agilidade e pressa são coisas muito diferentes.

Para concluir, planejar com seriedade e com profissionais habilitados para tal fim não só aumenta muito as chances de sucesso do projeto como também auxilia na obtenção de um clima de trabalho melhor. Clientes, fornecedores e demais envolvidos podem se beneficiar muito de controles que aumentem a previsibilidade do empreendimento, mas isso nunca passará de chute se não tivermos um planejamento bem feito.

Mudei, "porque sim"

Fernando Bartelle

O dia da entrega do projeto pode ser uma grande dor de cabeça, especialmente quando a entrega é um ponto de venda. Quem trabalha ou já trabalhou com construção civil no varejo sabe bem o que quero dizer.

Quer sejamos designados internamente na empresa como gerentes do projeto, quer sejamos contratados para prestar serviços de gerenciamento de projetos, não faz muita diferença: o ponto-chave é sempre alinhar bem o escopo e definir muito claramente os critérios de aceitação do produto.

Essa etapa de critérios de aceitação é muitas vezes negligenciada e acaba revertendo em problemas (e muito estresse) no final. Se o cliente final não aceita a entrega, o projeto não termina e todos ficam pendurados.

Em uma experiência que tive, gerenciei um projeto de readequação de uma série de pontos de venda para um cliente. Eram obras relativamente simples, a serem realizadas de acordo com projetos arquitetônicos que deveriam seguir um caderno de padrões.

O caderno de padrões não era muito bem definido, então pedimos que todos os projetos fossem aprovados oficialmente pelo cliente logo que concluídos e antes de contratarmos a mão de obra para a construção. O cliente aprovou os projetos com poucas solicitações de mudança e de forma ágil. Maravilha. Ou não?

Contratamos as obras em lotes e passamos a acompanhar a execução. Os critérios de qualidade eram bem simples e diretos: bastava seguir os projetos. Uma ou outra vez surgiam algumas dúvidas, algumas correções de rumo se faziam necessárias, mas as coisas iam bem.

Em uma das visitas que realizei depois de algumas semanas, porém, constatei que um ponto de venda, que já estava quase pronto, estava diferente do projeto em vários pontos. Chamei o encarregado e o questionei.

— Fulano, o que houve que as paredes estão pintadas de forma diferente do projeto?

— Ah, doutor, o diretor Beltrano esteve aqui e mandou mudar.

Beltrano era diretor da área do cliente responsável pelo programa como um todo. Fiquei confuso. Teoricamente ele tinha sido responsável por aprovar os projetos... resolvi telefonar e questionar:

— Olá, Beltrano, tudo bem? Aqui quem fala é gerente do projeto. Estive na obra ontem e constatei que mudanças foram solicitadas e queria conferir se isso procede.

— Pois bem, sim, mandei mudar.

— Mas não havíamos combinado que os projetos deveriam ser seguidos para evitarmos surpresas e cobranças de extra?

— Sim, mas os projetos não estão certos.

— Mas eles foram aprovados, não foram? Sempre estiveram errados?

— Para quem os conferiu, aparentemente estava tudo certo. Mas para mim estão errados, então que se mude na obra.

Pois bem, muitas vezes, mesmo que deixemos tudo combinado e aprovado formalmente, lidaremos com doutores Beltranos que acabam forçando o projeto a mudanças imprevistas. Mas imaginemos como seria se nem tivéssemos combinado ou oficializado nada. Acho que as obras estariam andando até hoje...

Lidando com os riscos desconhecidos. E agora?

Mariela Aranda

Historicamente, como professores e instrutores de cursos de gestão de projetos, trazemos como exemplo de projeto uma viagem. Como gerente de projetos e um pouco conhecedora do tema, encarei minha primeira viagem internacional como um projeto.

Logo, neste projeto, em particular, há o gerente de projetos e o patrocinador, duas funções totalmente diferentes exercidas pela mesma pessoa: eu. Fiz os cortes orçamentários, a definição de requisitos e o escopo da gestão e do resultado do projeto. Monitorei e controlei os *deadlines*, coloquei uma data restrita em função de algumas variáveis e restrições externas e fiz a contratação de um fornecedor, que teve o escopo de buscar hotéis e passagens com o intuito de reduzir tempo e terceirizar riscos. Tudo isso somado à falta de expertise da GP em gerenciar logística internacional.

Foram realizados um levantamento de riscos e planos de mitigação para eles, como a variação cambial, por exemplo. No entanto, houve um evento em particular durante a viagem que não havia sido pensado: quem avalia a temporada de furações antes de uma viagem? Bem, vou confessar que o furacão Irma me deixou nervosa, visto que poderia complicar minha conexão em El Salvador. Não entendo nada de furacões, mas Irma se fez presente para mim e muitos outros gerentes de projetos.

Apesar de tudo, Irma tomou outro rumo e eu poderia viajar em paz, para, por fim, colocar meu planejamento em prática. Acordei no horário, fiz tudo o que estava planejado, reavaliei os riscos e, enfim, estava tudo conforme o prazo, os custos e meus critérios de medição adotados.

Mas que desastre faz a falta de informação a um grupo de gerentes de projetos em um aeroporto às 3h40min da manhã. Sim, o famoso risco desconhecido de que falamos na área de conhecimento de Gerenciamento de Riscos do *PMBOK Guide* se fez presente. Como eu saberia que, durante a semana, a companhia aérea teve problemas técnicos e eles foram programando os passageiros sistematicamente até o dia de minha viagem? Como eu saberia que eles solicitaram uma aeronave maior, para que a capacidade de passageiros fosse maior, mas menor em termos de capacidade de bagagem?

Pois é. Quando já estava na hora de fazer o *check-in*, a prioridade foi, logicamente, os passageiros do dia anterior, e, quando chegou a nossa vez, o sistema começou a alertar um voo sobrecarregado, com capacidade máxima de bagagem atendida. Naquele momento, percebi que já havia perdido minha conexão e que não chegaria ao meu destino na data e hora planejadas. Ali começou uma série de questões que, até hoje, percebo nos gerentes de projetos em qualquer âmbito: a falta de *soft skills* como inteligência emocional, empatia e resiliência para lidar com eventos adversos não planejados. Colocar a culpa no outro como se isso fosse nos teletransportar de forma imediata ao destino desejado.

Então começaram a surgir todos os problemas que encontramos sempre, como a falta de comunicação, o chefe de alguém que não assume a responsabilidade, o cliente insatisfeito, a paranoia e o caos coletivo. A falta de informação gera caos e, consequentemente, anarquia... o "cada um por si" prevalece. Eu não havia imaginado essa possível análise, mas como, de alguma forma, mitiguei o risco?

Em meu planejamento inicial, havia deixado dois dias de folga no final do roteiro, para caso eu não conseguisse visitar algum local específico do início da viagem. Como fiz o planejamento visando a entrada e saída pelo mesmo aeroporto, consegui ter esse "jogo de cintura". Logo, o que perderia em um dia, poderia compensar em

122 LIÇÕES APRENDIDAS EM PROJETOS

outro. A companhia aérea nos daria uma retribuição pelas diárias perdidas, o que cobriria nossas despesas, e isso era algo importante, pois uma de minhas premissas iniciais era viajar sem dívidas e, na reavaliação de riscos, eu ainda mantinha essa linha de base, e a reserva de contingência não precisaria ser acionada.

Por fim, concluindo a viagem, o risco foi reprogramado, reavaliado e aceito, pois tinha contramedidas a serem tomadas, o escopo foi reavaliado, o cronograma revisto e sua linha de base e escopo inalterados; assim, o custo não foi prejudicado. Só há uma questão que pode contribuir com a perda total de qualquer projeto: vemos o copo meio cheio ou meio vazio? É sempre possível dar a volta por cima, só é preciso ter a inteligência emocional afiada para ter as respostas certas no momento certo.

Ondas ou tsunamis sucessivos?

Mariela Aranda

Quando falamos de ciclo de vida de projetos da área de exatas, pensamos no *PMBOK® Guide* como nossa fonte de referência em relação às fases de iniciação, planejamento, execução e encerramento, levando em consideração o monitoramento e o controle que estão presentes em cada uma delas. Mas como o planejamento inicia quando as informações de execução estão "pipocando no ar"?

Isso não seria um planejamento em ondas sucessivas, mas um planejamento em tsunamis sucessivos! Por que tsunamis? Porque a falta de informação ou o excesso delas para correr atrás de um projeto entrando em execução é uma catástrofe, especialmente se ele for de extrema importância para mudar o patamar da organização.

Integrar informações para poder elaborar um cronograma com o avião voando pode ser um desafio e tanto. Reunir o time e validar os *deadlines* com cada um deles requer um esforço quase homérico, ainda mais quando somamos variáveis não controláveis, como a informação entre departamentos que não deve ser compartilhada.

Todas as habilidades de liderança, negociação e gestão de documentos são necessárias e, ainda assim, podemos não reunir as informações necessárias para fazer um planejamento adequado como gostaríamos. A avalanche de informações, especialmente técnicas, pode ser enorme, transformando-se em grandes tsunamis, os quais devemos aprender a surfar para podermos entregar resultados eficientes.

Como surfar nesses tsunamis? Bem, muito esforço, cooperação entre processos, um líder equilibrado emocionalmente e suporte do *sponsor* serão condições necessárias e suficientes. No entanto, geralmente isso não é natural em nosso dia a dia, pois o ambiente em gestão de projetos ou em qualquer tipo de gestão é hostil. Temos problemas, parâmetros e variáveis não controláveis surgindo o tempo inteiro.

Ferramentas de gestão podem ajudar, mas não a solução aos problemas, bem como o PMO, onde muitos depositam esperança e expectativa de ato milagroso de recuperação de projetos que estão no fundo do poço.

Então, só uma mudança profunda na consciência da organização nos permitirá, pelo menos, surfar no tsunami, mas não eliminá-lo, pois isso seria utópico. Contar com informações mínimas para planejar antes de executar é uma medida paliativa de risco, mas os problemas continuarão latentes em nossa frente até tomarmos a atitude de mudar o nosso comportamento pessoal e organizacional.

Erros de Estratégia, Projetos e PMOs

Estude e entenda a cultura da empresa

Cintia Schoeninger

Quando criadas por seus empreendedores, as empresas são enxutas e, muitas vezes, rápidas no entendimento e na execução de mudanças necessárias à sua continuidade, mesmo que essa continuidade seja uma mudança disruptiva do negócio.

Com o passar do tempo, as empresas desenvolvem seus estilos próprios, a sua cultura organizacional.

A cultura de uma empresa, segundo o *PMBOK* *Guide*, são seus padrões de comportamento, determinadas posturas ou filosofias de trabalho que dominam as rotinas da organização. O *PMBOK* *Guide* diz ainda que cultura é o "arranjo de pessoas e/ou departamentos". Portanto, a tal cultura envolve padrões de comportamento, como, por exemplo, a forma como as pessoas estão acostumadas e realizar suas tarefas, se comunicar, definir autonomias e responsabilidades, entender suas hierarquias dentro da empresa e a tolerância a riscos dessas pessoas, departamentos e da empresa como um todo.

A cultura de uma empresa é um fator ambiental, segundo o *PMBOK* *Guide*. Então lembre-se: sempre que for trabalhar um processo, como, por exemplo, desenvolver a sua EAP (Estrutura Analítica do Projeto), ou quando for planejar o gerenciamento do cronograma, olhe para a cultura (fatores ambientais da empresa). Olhe para a disponibilidade dos recursos e suas habilidades, por exemplo. Veja se as equipes são autônomas – como funciona a autorização do trabalho nessa empresa em questão?

Eu errei em um projeto porque subestimei a cultura da empresa em áreas cruciais de gestão de projetos. Fui contratada para fazer a implantação de uma metodologia de gestão dos projetos e ingressei na empresa como especialista no assunto, acreditando que a empresa precisava urgentemente dessa organização para continuar operando de forma sustentável. A referida empresa não possuía indicadores dos seus projetos, apenas um software que registrava os trabalhos realizados pelas equipes. A regra para as equipes era: aponte no mínimo sete horas diárias em alguma tarefa, e isso era feito. Quanto aos projetos, não tínhamos indicadores formais e reportados.

Iniciei o trabalho, motivada a fazer as coisas acontecerem e a dar visibilidade aos projetos. Assumi um projeto piloto e defini uma equipe, que entendi ser a mais aderente da organização para a gestão de projetos. Junto a essa equipe, defini o escopo do projeto e estabeleci o cronograma (sem impor prazos... no tempo e na produtividade deles, respeitando a cultura da empresa).

Como se tratava de um projeto de implementação de metodologia de gestão de projetos, usei esse projeto piloto para construir e validar a metodologia. O projeto piloto foi executado na excelência – méritos da equipe, claro, sempre muito comprometida com o resultado. Mesmo com o sucesso do projeto piloto, a implantação da metodologia dentro da empresa não foi um sucesso. O resultado do projeto piloto foi excelente, mas o meu projeto de implantação da metodologia de gestão de projetos encontrou dificuldades pelo fato de não ter tratado a cultura da empresa quanto à comunicação e hierarquia do poder individual de algumas pessoas e departamentos. Não tratei o risco de a empresa ou de alguns departamentos não desejarem a visibilidade que eu estava propondo com a gestão de projetos.

Afinal, eu havia sido contratada e entendi que todos queriam essa melhoria. Eu não percebi e não tratei o fato de que algumas pessoas, mesmo tendo participado da minha contratação, não desejavam a organização e a visibilidade dos indicadores da gestão de projetos. O fato é que a visibilidade expõe departamentos e pessoas, tira "bengalas", desculpas e apoios para a não efetividade de ações e planos. E isso, por incrível que pareça, não poderia ficar assim tão visível nessa organização. Eu não

128 LIÇÕES APRENDIDAS EM PROJETOS

tratei esses riscos, mas eles estavam lá e me encontraram, mesmo que o produto do projeto piloto tenha acontecido com sucesso perante os demais trabalhos realizados pela mesma área de desenvolvimento.

Então aprendi que sempre devo dar atenção para a cultura organizacional e, ao entrar em um novo projeto, definir, no termo de abertura do projeto, algumas obrigações do meu patrocinador do projeto. Cito algumas lições aprendidas:

✓ É preciso que o gerente do projeto tenha sempre, a qualquer momento, acesso ao patrocinador, para que este o apoie ou até dê instruções de como proceder com relação à comunicação, influências e negociações com demais áreas e departamentos.

✓ É preciso identificar a cultura do poder, principalmente em empresas de pequeno e médio porte, onde inexistem ou existem poucos processos, procedimentos e diretrizes, e onde pessoas costumam ser valorizadas aleatoriamente, sem indicadores, por resolverem pontualmente situações – são os heróis que resolvem o problema – e não sua causa-raiz. Isso deve ser tratado como alto risco no projeto. Quando do uso de uma metodologia de projetos, esses heróis perdem força – pois o escopo claro, a gestão de riscos e a gestão de mudanças acabam com os "incêndios" em que tais heróis atuam.

✓ Descreva sempre o que você espera de cada função crítica do seu projeto. Não indique nomes de pessoas, descreva papéis, autonomias e responsabilidades. Depois verifique quais nomes melhor se adequam a cada função. Essas funções críticas devem estar previstas no seu termo de abertura do projeto.

Mas se você fez esse termo de abertura e seu patrocinador não quiser assinar... bom, pense que pode ser melhor nem se envolver com esse trabalho, pois, se já no início mínimos acordos não se concretizam, projete seus riscos culturais e avalie se não é mais adequado declinar do projeto.

Ops! Entregamos o que não precisava mais

Cintia Schoeninger

Gerenciei muitos projetos de tecnologia, tanto em empresas de desenvolvimento de software quanto em *startups*. Geralmente, empresas de tecnologia nascem de empreendedores formados em áreas técnicas, como, por exemplo, engenharia, computação e sistemas. A formação e a condução das carreiras técnicas são sempre muito enraizadas em áreas específicas e, claro, técnicas e não têm muito espaço para disciplinas de planejamento e de negócios. Então, tais empresas são orientadas a entregas.

Uma empresa orientada a entrega é aquela que define projetos e, algumas vezes, os desenvolve dentro do prazo, com custo e qualidades técnicas de que o produto do projeto necessita. Vou exemplificar o que estou falando: o projeto da ponte que liga o ponto A ao ponto B foi concluído no prazo, com o custo e a qualidade desejados para uma ponte. Mas quando da entrega do projeto ponte, percebe-se que não existe mais a necessidade de ligar o ponto A ao ponto B.

Isto é, faz-se bem o que deve ser entregue: a ponte. Mas a pergunta que se deve fazer é: a empresa ou o cliente que recebeu o produto do projeto (ponte) beneficiou-se dessa entrega? Ou ainda: a entrega do projeto ponte no prazo, com custo e quali-

130 LIÇÕES APRENDIDAS EM PROJETOS

dade trouxe benefícios tangíveis e intangíveis para a empresa, ou seja, o resultado do projeto impactou positivamente a estratégia da empresa?

A pesquisa detalhada *Pulse of the Profession* do PMI de 2017[2] traz à tona exatamente essa reflexão: a necessidade de estabelecer uma forma de identificar, antes do início do projeto, seus benefícios, bem como medir e comunicar tais benefícios no decorrer do projeto.

Em alguns casos, desenvolvi projetos cuja entrega percebi que poderia ter mudado o curso da proposta para entregar valor ou benefício ao meu cliente. Mas não o fiz. E só percebi ao final do projeto (entregue no prazo, com o custo e a qualidade planejados, mas que não serviam mais de forma eficaz ao cliente).

Como mudar essa mentalidade nas empresas? E como identificar os benefícios do projeto quando o produto do projeto não será utilizado pelo seu cliente interno e sim pelo seu cliente externo? É... em um primeiro momento parece bem complexo, mas já é um excelente começo se você também identificou essa falha nas entregas dos seus projetos: de que a entrega não traz benefícios ou impactos positivos para a estratégia. Pois a partir da identificação de que seu projeto, mesmo entregue no prazo, com o custo e a qualidade previstos, não materializou a estratégia de forma adequada, você pode iniciar uma discussão de como adotar a gestão de benefícios para o seu portfólio de projetos.

A gestão de benefícios passa por definir uma abordagem adequada para:

1. Identificar os benefícios dos projetos (o porquê do projeto; o impacto desse projeto para o negócio).

3. Criar indicadores e formas de medir tais indicadores de benefícios.

4. E, por último, comunicar, durante o andamento do projeto, o alinhamento de tais benefícios e seus indicadores.

Além disso, a gestão de benefícios deve ser tratada como uma responsabilidade de patrocinadores (diretores, executivos e/ou clientes finais) e do gerente do projeto.

---

2 Disponível em: <https://www.pmi.org/-/media/pmi/documents/public/pdf/learning/thought-leadership/pulse/identify-benefits-strategic-impact.pdf?sc_lang_temp=pt-PT>. Acesso em: 27 mar. 2018.

Não cabe apenas ao gerente do projeto a gestão dos benefícios, pois esse é um trabalho em conjunto.

Outra parte interessada e importante nessa reflexão são os diversos tipos de escritórios de projetos, os quais devem ter clara a gestão dos benefícios dos projetos que estão executando tarefas no seu portfólio. Mas nem toda empresa possui um escritório de projetos, então cabe, sim, ao gerente de projetos e ao seu patrocinador investirem tempo para tratar da gestão dos benefícios dos projetos antes de iniciá-los.

Além de assegurar a entrega de um projeto que impacte ou materialize a estratégia da empresa, com certeza a equipe terá mais entendimento do projeto e aderência às entregas e alterações de escopo – pois tem claro entendimento do que aquele projeto vai de fato entregar, além da ponte que liga os pontos A e B. E se, dentro da gestão dos benefícios, a medição dos indicadores sinalizar a necessidade de cancelar o projeto, por favor, cancele, não insista em entregar uma ponte que liga nada a lugar algum.

Invista na escolha do projeto certo

Cintia Schoeninger

Quando iniciei minha atuação como gerente de projetos, meu foco estava em aprender as técnicas, ferramentas e habilidades para entregar o projeto no prazo e com o custo e a qualidade acordados junto à equipe e ao patrocinador. Depois de entregue, não havia um controle dos benefícios que o projeto deveria materializar. Na verdade, ninguém media os objetivos da realização do tal projeto para o negócio. Eu entendia que a minha responsabilidade estava finalizada – e com sucesso.

Com o passar do tempo, percebi que poderia me desafiar um pouco mais. Deveria gerenciar os benefícios dos projetos. Mas aí veio um empecilho: como faria isso se, ao final de tais projetos, não havia continuidade e autonomia para as verificações dos benefícios?! Pois é, nem mesmo as empresas para as quais eu trabalhava pareciam interessadas nos resultados pós-entrega do projeto. Isso me perturbou por muito tempo.

A primeira coisa que eu deveria fazer era, sempre, entender os alinhamentos estratégicos e/ou objetivos mensuráveis do projeto. Quais os benefícios tangíveis e até mesmo intangíveis que o projeto deveria entregar? Eu deveria entender quais os impactos positivos do projeto na estratégia de negócios da empresa. Qual o valor criado para a empresa? Disso, sim, competia a mim, como gerente de projetos, ter o domínio. Mas confesso que, em muitos projetos, principalmente no início da carreira, não me disciplinei a buscar tais informações.

Outro fator importante quando se quer estudar e controlar os benefícios do projeto após a sua finalização para a empresa é o apoio do patrocinador. Hoje, para mim, é mais claro que o apoio e a participação do patrocinador no projeto desde o início e durante todo o projeto são fundamentais. A responsabilidade perante o valor agregado do projeto às estratégias do negócio é compartilhada com o patrocinador. Não cabe apenas ao gerente de projetos. No início, eu pensava que bastava eu fazer bem o projeto e que o patrocinador só precisava me fornecer os recursos (que, claro, sempre foram limitados, mas as equipes se superavam e muitas vezes conseguíamos entregar no prazo, com custo e qualidade. E parava aí nossa responsabilidade). Hoje, quando ingresso em um projeto, já me preocupo mais com os benefícios entregues para o negócio, bem como com o apoio do patrocinador e seu grau de interesse e comprometimento com o projeto.

Mas, muitas vezes, ainda não consigo fazer de forma efetiva esse controle após a finalização dos projetos. Isso ocorre por alguns motivos, que não necessariamente acontecem ao mesmo tempo. A falta da medição dos benefícios dos projetos pode ocorrer pela desmobilização da equipe em virtude do final do projeto. Mas ainda temos outro motivo que poda o acompanhamento dos benefícios dos projetos: a falta de processos e/ou de permissão para acessar alguns processos e medi-los. Muitas empresas têm como benefício a redução de custos em uma determinada área, mas ao final do projeto não se consegue medir o que, de fato, a execução do produto reduziu em termos de custos. A falta dessa medição pode resultar do fato de não se desejar a própria medição, por melindres ou egos entre gestores; ou, pior que isso, as empresas descobrem, por meio dos projetos, a fragilidade dos seus processos e a falta real de indicadores claros e formais.

Para finalizar essa reflexão sobre meus erros em projetos, gostaria de deixar a minha sugestão para tratar a medição de benefícios, tão importante para o aprendizado das organizações em suas priorizações de projetos. Trate dentro de um processo, que pode ser trabalhado pela área de controladoria ou, se for o caso, pelo seu escritório de projetos, a medição posterior ao encerramento do projeto. Dentro do projeto, defina como serão as medições dos benefícios e/ou objetivos do seu projeto e por quanto tempo serão medidos. Treine, ainda dentro do seu projeto, a controladoria e/ou o escritório de projetos para fazer a medição.

134 LIÇÕES APRENDIDAS EM PROJETOS

Lembre-se de que você precisa do apoio do seu patrocinador para conseguir definir, no início do projeto, os porquês, benefícios e objetivos. Solicite ao seu patrocinador que ele compartilhe com você a responsabilidade pela identificação e pelos resultados dos benefícios.

Um ser ansiosamente resiliente

Fernando Bartelle

Começar um projeto novo é sempre algo especial. A adrenalina dá uma sensação boa, desde que aprendamos a lidar com nossa própria ansiedade. E o resultado, depois, faz nos sentirmos melhor ainda...

Não faz muito tempo que fui convidado para um grande desafio: consolidar a área de projetos sociais do PMI-RS. Trabalho árduo, pois havia algumas ações e muitas ideias legais, mas nada muito além.

O trabalho com projetos sociais que se realiza no PMI-RS, usando como orientação as bases da Fundação Educacional do PMI global, é pautado em três pilares principais: o trabalho na formação de mais gente qualificada em projetos; o trabalho junto a ONGs; e o trabalho na educação de base.

Estruturamos um início muito pautado em conhecer as partes interessadas, que estavam no capítulo do Rio Grande do Sul, em parceiros locais e nacionais, e na Fundação Educacional em âmbito nacional e global.

Essa parte inicial de diagnóstico e reconhecimento durou bastante tempo. Foram meses de trabalho duro com poucos resultados visíveis. Sabe aquele conceito de "trabalho de formiguinha"? Pois essa foi minha maior experiência com esse tipo de trabalho, que exige noção de propósito e visão de longo prazo especialmente calibrados.

136 LIÇÕES APRENDIDAS EM PROJETOS

O propósito estava muito bem reconhecido. Trabalhar para transformar a sociedade através do que estudamos é muito motivador, convenhamos. Trabalhar com organizações que mudam as vidas de muitas pessoas que precisam também é muito prazeroso. E ensinar crianças e adolescentes a ser adultos melhores e aprender com eles tanto quanto, nem se fala.

Pois sobrou a administração da ansiedade, essa minha companheira de longa data. Eu aprendi a controlar a sensação, mas isso não quer dizer que ela não esteja lá.

— Tudo bem? Podemos falar sobre aquele projeto de educação em gerenciamento que te expliquei na última reunião?

— Sim, claro. Quanto dinheiro tu achas que consegue levantar para o projeto?

— A ideia é ajudar a ONG a estruturar melhor seus projetos para atrair mais investidores e fazer projetos mais eficientes que impactem mais pessoas.

— Então vocês não têm grana para colocar na ONG?

— Diretamente não. Tenho braços e mangas para arregaçar, por enquanto.

— Ah, tá bem. Te ligo semana que vem, ok?

A cada momento onde um diálogo desses se repetiu, a cada não de um possível parceiro, a cada reunião agendada onde a outra parte simplesmente não apareceu, a ansiedade vinha e o lado do "não vai dar certo" começava a falar. Várias vezes passou pela cabeça desistir.

Precisei treinar minha resiliência, e, aos poucos, os resultados começaram a aparecer. A equipe começou a se estruturar, eventos de divulgação internos começaram a chamar a atenção das pessoas, alguns parceiros surgiram através de contatos e muita ajuda dos queridos colegas. Conseguimos criar um espaço para atrair pessoas no maior evento do PMI-RS. Conseguimos trazer uma pessoa excepcional para falar ao nosso público sobre projetos sociais e dar dicas sobre como começar o trabalho. E atraímos um primeiro parceiro, com o qual conseguimos executar um projeto de educação, com uma turminha de uns vinte alunos do ensino fundamental.

E logo achamos outro parceiro, com o qual já atendemos mais de 100 crianças e adolescentes em diversos programas com fins distintos. E conseguimos encontrar ONGs que nos deram espaço para conduzir treinamentos com gestores para capacitá-los a buscar fundos, estruturar projetos e ter mais fôlego para atender a mais pessoas com mais controle. Colaboramos para buscar formar novos líderes, mais capacitados e cheios de propósito.

Assim, a lição é que, ainda que às vezes precisemos saber dizer não ou desistir, algumas coisas valem a nossa persistência. Propósitos (ou porquês) bem alinhados e valorosos podem nos ajudar a aprender a controlar a ansiedade. Projetos com propósitos que nos tocam e fazem sentido são laboratórios fantásticos de resiliência.

A dica é: no momento em que entendemos o que fazemos e temos projetos que estão alinhados com os objetivos estratégicos, tudo fica mais fácil.

Encontrando o propósito

Mariela Aranda

Você já ouviu falar em processos e interfaces? Se sim, você sabe que processos possuem entradas, ferramentas e técnicas para transformar essas entradas em saídas utilizáveis pelo cliente, medidores de desempenho (precisamos saber se estamos indo bem ou mal), recursos para transformar e métodos para executar. Geralmente, onde encontramos os problemas quando temos inúmeros processos que trabalham sob a perspectiva cliente/fornecedor?

Quando estamos em uma empresa com muitos processos e interfaces, e somamos a isso uma estrutura hierárquica rígida, é possível engajar os *stakeholders*, as equipes e todos para atendermos ao resultado de uma certificação? Eu, particularmente, o conduziria como um projeto, mas fazia parte de sua equipe operacional, com uma fase de planejamento bem definida, um escopo fechado e com *stakeholders* mapeados para poder entender os interesses de cada um e poder "vender" um projeto tão rígido e estruturado, que é, afinal, uma certificação.

Entre tantas atividades, o primeiro erro foi não o organizar como um projeto; segundo foi não identificar o *sponsor*; o terceiro foi não entender quem é o cliente; e o quarto, não realizar um *kick-off* apropriado. No entanto, o mais importante foi não entender o propósito de seu resultado.

Se não sabemos vender o propósito de um projeto, não entendemos que o resultado é para a organização, e não para um departamento específico. O eixo do projeto é seu propósito, e é em torno dele que giramos para manter a sustentabilidade de um negócio. Quando não vendemos apropriadamente o propósito, nosso(s) cliente(s) pode(m) entender que estamos burocratizando um sistema, ou pior, que não podemos enxergar além das fronteiras de nosso departamento. O esforço para obter sinergia é enorme, e acabamos tendo o efeito contrário: entropia, desordem e caos.

Quando falamos em norma, é natural a associarmos a regras e burocracia. Mas, se entendemos o benefício que essa norma traz para nossa organização, é mais fácil engajar o time que trabalhará nas adequações necessárias. No entanto, no momento em que estamos com as informações totalmente dispersas, com *stakeholders* que têm conhecimento desnivelado, atingir o resultado torna-se um risco.

No fim das contas, o projeto aconteceu sem planejamento, sem *stakeholder* mapeado, sem identificação do propósito; a um preço de desgaste emocional enorme, cansaço, estresse, desconforto, mas o resultado foi atingido. Não direi que planejar não estressa, mas identificar um propósito facilita a comunicação e o engajamento de um time para abraçar uma causa comum.

Então, meu conselho é identificar o propósito de seu projeto. O preço emocional de sua equipe e da organização serão menores, e os resultados serão mais celebrados.

O projeto iniciou. Quando falaremos de performance do time?

Mariela Aranda

Na visão do *PMBOK Guide*, é responsabilidade do gerente de projetos realizar a seleção, a contratação e a capacitação do time para almejar um resultado bem-sucedido no projeto, bem como medir sua performance durante seu ciclo de vida.

Entendemos que uma equipe capacitada e dedicada ao projeto é fator crítico de sucesso para as entregas combinadas com os *stakeholders*. Uma equipe de alta performance é desejada por toda a organização, e características como liderança, autogerenciamento, diversidade, interdisciplinaridade, antecipação, clima de segurança, objetivo comum, comunicação direta e gestão de conhecimento são requisitos altamente procurados nos colaboradores que vão compor o time do projeto. Mas de quem é essa responsabilidade? Quem deve buscar, contratar, capacitar e medir o desempenho dos recursos desejados para o projeto? É o PMO ou o gerente de projetos?

Desconheço projetos na área industrial onde o gerente de projetos ou o PMO tenham essa atribuição. Aliás, com certeza a grande maioria se encontra com a necessidade de compor o time, mas o papel e a responsabilidade da seleção e contratação serão do departamento de recursos humanos, processo específico de recrutamento e seleção.

Erros de Estratégia, Projetos e PMOs 141

A essa situação podemos adicionar o fato de que nosso gerente de projetos não possui autonomia para solicitar esse recurso para o departamento de recursos humanos, pois, em uma empresa de matriz funcional, os recursos devem ser planejados no plano orçamentário. Então, se não podemos solicitar recursos extras para compor um time, o que fazemos? Bem, o plano B é ava liar em qual processo interno poderia ser encontrada essa pérola para o projeto. Vamos pensar que o encontramos. Então, o próximo passo é solicitar permissão e negociá-lo com seu chefe direto, provavelmente supervisor, cuja resposta imediata será "depende..." (resposta de engenheiro) ou "preciso ver com meu gerente sua liberação". OK, até aqui ainda podemos ter o recurso, mas, de novo, mas... o projeto já está andando há pelo menos três semanas.

Quando conseguimos os recursos e conduzimos o projeto com certa maestria em um ambiente hostil (pois, sim, os projetos são conduzidos em um ambiente totalmente adverso), nos encontramos em uma situação ainda mais complicada. Como podemos avaliar a performance de uma equipe que não é nossa? O time não responde diretamente ao gerente de projetos, logo, é complexo avaliar uma performance que não está vinculada ao cargo função do time.

No fim das contas, em uma empresa cujo *business core* não é projeto, mas qualquer outra coisa, tratar sobre projetos com as melhores práticas acaba sendo um desafio quase homérico, visando uma estrutura funcional completamente inapropriada e recursos compartilhados que detêm, em primeiro lugar, a prioridade ditada ou orientada pelo chefe imediato. Se o projeto sobrevive nesse ambiente hostil com prazo e custo atendido, poderíamos considerar que o sucesso foi alcançado sem medir de forma alguma a performance do time?

Toda resposta vai se resumir a: "depende...".

Excesso de complexidade

Fernando Bartelle

Um dos maiores desafios da minha carreira foi assumir, pela primeira vez, o papel de responsável pela criação de um escritório de projetos. Já possuía uma boa experiência com projetos, já era certificado PMP e já vinha trabalhando na empresa há certo tempo, o que me dava uma noção boa do que precisava ser feito. Tinha, ainda, o apoio da alta direção e a figura do patrocinador era forte e bem engajada.

Resolvi estudar um pouco mais sobre PMOs e fiquei fascinado pelo assunto. Um novo mundo abriu as portas para mim naquele momento, sensação parecida com a que tive na primeira vez que li o *PMBOK Guide*. Li, ouvi e assisti às melhores referências que pude encontrar, ficando mais sedento por conhecimento a cada novo passo.

Entendi que precisava primeiramente de um diagnóstico mais claro, e formal, das condições e da maturidade da organização. Procurei ferramentas e técnicas e comecei a aplicá-las. E os resultados vinham rápido. Recebi muitos elogios e fui ganhando energia e velocidade. Em pouco tempo entreguei o diagnóstico e recebi autorização para começar a implantar um PMO que faria o meio de campo entre as áreas operacional e estratégica.

Todas as ideias traçadas no diagnóstico foram colocadas em prática. Precisava alinhar uma metodologia, criar todas as ferramentas, treinar as pessoas a usá-las e depois auditar. Tudo em um prazo de seis meses.

Criei a metodologia, compilada em um livro de dois tomos. Criei mais de trinta formulários, cheios de filtros, listas de seleção, formatações condicionais, preenchi-

Erros de Estratégia, Projetos e PMOs 143

mentos automáticos... uma beleza! Extremamente orgulhoso do meu trabalho, obtive aprovação e já fui logo convocando as reuniões de treinamento dos gerentes de projetos.

No dia do treinamento, escorado nos modelos e na apresentação bonita que montei, desfilei todo o meu orgulho para o pessoal. Falei, falei, falei! E todo mundo chacoalhava a cabeça, olhos vidrados. Lá pelas tantas alguém tomou coragem e fez uma pergunta. Pensei: "como é que não entenderam isso?", mas respirei fundo e respondi. E vieram mais e mais perguntas, cada vez sobre partes mais iniciais do treinamento. E eu fui ficando cada vez mais frustrado.

Terminado o treinamento, fui lamber as feridas e tentar entender o que havia acontecido. E aí resolvi falar com as partes interessadas.

Agora meus queridos leitores devem estar pensando: "o cara diz que tinha experiência em projetos e fez um sem consultar as partes interessadas?". E eu respondo: não (ufa!). Eu consultei todo mundo antes de começar. Perguntei, alinhei, compilei opiniões. E sentei e trabalhei, insanamente, por semanas.

O problema estava no advérbio de tempo. Falei com os *stakeholders* antes de começar e no treinamento. Mas não falei com eles durante o trabalho. Quando eu comecei a trabalhar, não olhei mais para trás. Tranquei-me em uma sala tranquila do escritório e lá construí a minha interpretação do que me falaram.

Em algum momento desse ritmo frenético, a metodologia da empresa se transformou na minha metodologia. Tudo tinha a minha cara. Mas era complicado demais, ficou desalinhado com a expectativa do pessoal, já esgoelado de tantas demandas a cumprir.

A metodologia virou um mastodonte e, enquanto eu apresentava tudo orgulhoso, os gerentes só pensavam: "e agora? Como vou arrumar tempo para fazer tudo isso?".

Bom, felizmente eu tinha trabalhado tão rápido que tive tempo de refazer as coisas. Tomei por premissa frases como "menos é mais" e "feito é melhor que perfeito" e reduzi tudo a relatórios de uma ou duas páginas. Cortei vários documentos, e outros foram engolidos pelo desuso.

144 LIÇÕES APRENDIDAS EM PROJETOS

O novo treinamento foi bem melhor, a aceitação melhorou muito e pudemos (agora no plural) aplicar a metodologia da empresa com sucesso.

Desde então, sempre que termino um trabalho me pergunto:

— Dá para fazer mais simples?

Cada projeto com seu conceito

Mariela Aranda

Lembro quando, há alguns anos, essa "história" de PMO começou a fazer um pouco mais de ruído no mercado. Na época, parecia mais uma palavra "modinha", dita sem que soubessem direito se era um processo ou um departamento. Aliás, era discutido se deveria ser estratégico, tático ou operacional, ou se deveria ter um papel de torre de controle e outras formas diferentes de operação.

Começamos com a ideia de um PMO, fizemos cursos de capacitação, criamos uma equipe multidisciplinar para poder ter várias visões e desenvolver um método flexível e adaptável a vários deles. Tínhamos várias restrições iniciais, a ferramenta e o fornecedor já haviam sido escolhidos e havia também o problema que algumas empresas têm: a falta de recursos monetários para customização.

No entanto, as restrições da empresa não foram os principais erros na criação de um PMO, mas uma sucessão deles, desde papéis e responsabilidades e a resposta à pergunta "por que vamos existir?" até o mais simples e banal que nos perturba até hoje, a resposta à pergunta "o que é projeto para a empresa?".

A falta dessa resposta nos leva à falta de clareza a respeito ao que deve ou não passar pelo método estruturado que temos hoje, que também é outra deficiência (que será revisada em breve). Também complica na hora de estabelecer prioridade entre eles e entre processos, assim como na alocação e divisão de recursos.

146 LIÇÕES APRENDIDAS EM PROJETOS

A ausência de um conceito claro nos induz a pensar o projeto conforme a nossa necessidade de entrega, e não conforme o resultado ou benefício que trará para a empresa. Nivelar recursos ou realizar tarefas que adicionem mais valor se torna complicado, já que o conceito tradicional de projetos como "processo único, com início, meio e fim" induz à instalação de um ventilador industrial ser um projeto.

Analisando friamente, até pode ser, mas seu grau de complexidade em qualquer fase do projeto é baixíssimo, sem adicionar o fator burocrático pelo que deverá passar. Essa discrepância faz com que, anualmente, quebremos um pouco a cabeça para poder estruturar nosso portfólio e encontrar um meio termo entre o estratégico e o operacional.

Logo, uma das principais lições aprendidas nesse processo de PMO foi não deixar claro o óbvio, que vai além da determinação de objetivo, justificativa, resultado e todos os pré-requisitos necessários para uma gestão de projetos minimamente adequada. Antes de iniciá-lo, devemos questionar: isso é um projeto?

Meu conselho para quem irá implementar um PMO, além de todas as boas práticas, é que pergunte e estruture os tipos de projetos para sua organização. Isso reduzirá futuros problemas de entendimento, recursos, priorização e rapidez de execução.

Os pilotos do sistema de gestão: vilões ou aliados?

Mariela Aranda

O simulador é um sistema que nos permite testar e errar infinitas vezes sem impactar diretamente no resultado, isto é, trata-se de um mecanismo que permite aprimoramento por meio de erros sucessivos. Podemos comparar os processos pilotos, romanticamente, com um robô que aprende cada vez mais e mais, com o objetivo de extrair o máximo de informações e melhorar continuamente.

A partir disso, vamos pensar juntos: como faço com um PMO piloto, em um processo que permeia uma série de outros processos, em uma empresa que não é naturalmente disruptiva e com uma equipe iniciante no processo?

Bem, é assim que começa minha história. Posso dizer que eu era muito inexperiente, não tinha maturidade para engajar pessoas e desconhecia totalmente o terreno onde estava pisando. Logo, tive de delegar a posição das minas dos campos ao meu supervisor, que as delegava para o gerente, e que, por sua vez, as delegava para o *sponsor*. É como dizem: "se é fácil, é para qualquer um". Assumi o desafio e, assim, foi dado início o processo de absorção acelerada de conhecimento. Para o bem ou para o mal, achei na gestão de projetos e na formatação de métodos e ferramentas a maior paixão da minha vida.

148 LIÇÕES APRENDIDAS EM PROJETOS

No entanto, tivemos uma série de inconvenientes com essa implementação.

Primeiro: era um projeto estratégico? Sim, mas não era almejado pela organização. Por quê? Porque o piloto era o sonho de um, e não de todos na organização.

Segundo: quando tratamos de pilotos, elaboramos um protótipo. Nosso protótipo era para um processo, mas era almejado indiretamente por mais três. Então, tivemos de pensar de forma abrangente, mesmo quando alguns só queriam pensar no próprio quadrado.

Terceiro: tivemos um fornecedor que era tão inexperiente quanto a equipe de projeto, e isso gerou transtorno e saturação do sistema, o que fora totalmente desnecessário.

Quarto: os famosos *stakeholders* nunca foram mapeados. Com isso, o sistema nasceu em um quadrado sem medidas de adaptação futura de *spare parts*. Deveríamos ter pensado em um Lego escalável, mas idealizamos um bloco de concreto fechado que não levou em consideração as necessidades dos próprios usuários da ferramenta. Mas por quê? Porque não conhecíamos a ferramenta. O fornecedor não soube mostrar, e a líder do projeto, junto à equipe, teve de realizar um processo de autodesenvolvimento, mais uma vez acelerado.

Depois de um período de 12 meses, e ainda ouvindo rumores como "implementamos PMOs em seis meses", após estresse e noites sem dormir, nasceu o piloto do PMO. No entanto, depois de um tempo de operação, percebemos que a versão em questão não era a versão beta, e sim a versão para valer. Então trabalhamos em uma versão piloto, que não era piloto, para um processo que não era o único *core*, sem envolvimento do *pool* completo de *stakeholders*, em uma estrutura de PMO que não era validada dessa forma. Em consequência disso, o sistema soluçou durante um bom tempo até que a organização tivesse a real percepção da necessidade do PMO.

Tivemos um segundo ciclo (*upgrade*), em que tentamos corrigir os erros do passado, mas nos encontramos com as mesmas restrições da primeira fase. Conseguimos contornar, mas o risco dessa vez foi maior. Resultado: sistema descentralizado e método rígido e não alinhado com a estratégia da organização. O sistema mostrou seu valor, pois, atualmente, conseguimos medir algo quando não era medido nada.

Sabemos que os problemas existem, mas falta evidenciá-los e determinar gatilhos para agir preventivamente.

Depois de muitos anos, temos uma nova oportunidade para fazer diferente. O que vamos fazer diferente dessa vez? Não consideraremos o sistema como um piloto, pois, em meu humilde ponto de vista, sistemas de gestão não podem ser construídos como pilotos. Sistemas de gestão não são protótipos ou plantas piloto, muito menos máquinas de teste. Sistemas de gestão envolvem pessoas, processos, ferramentas, métodos e acompanhamento para validar resultado. Ou pensamos para valer ou... pensamos para valer!

Pilotos são aliados para sistemas de engenharia e tecnologia, não para mudança cultural. A implementação de um piloto de sistema de gestão deve ser pensada de forma abrangente, ainda que seja feita em uma área inicial.

Ainda temos pouca maturidade em estratégias e projetos

Cintia Schoeninger

Durante a minha carreira trabalhei em várias empresas de diferentes ramos. Trabalhei em fábricas de softwares, *startups*, varejo, agronegócio e indústrias de diversos segmentos. Empresas de pequeno, médio e grande porte, familiares ou nem tanto. Comecei como todos iniciaram na minha época, como estagiária, e fui galgando cargos mais gerenciais. Trabalhei com pessoas das quais me orgulho muito, pois são excepcionais profissionais em suas áreas.

Mas hoje percebo a frágil maturidade das empresas em trabalhar suas estratégias de negócio. Vejo empresas de médio e grande porte, que administram e adquirem ativos de grande valor agregado, que desenvolvem projetos complexos – mas que, em algumas situações, claramente demonstram que tais projetos e ações não estão ligados a uma estratégia de negócio.

Muitas vezes, encontro diretores e executivos de empresas fazendo atividades operacionais, naturalmente, no seu dia a dia. Estressados com tantas atividades e, quase na sua grande parte, quebrando processos de trabalho, interferindo no fluxo de atividades e impondo, pelo seu cargo, desvios de processos. Aí fico eu pensando: mas esse diretor não deveria estar fazendo a gestão administrativa/executiva da empresa, enquanto seus subordinados deveriam resolver atividades e processos rotineiros da empresa? Fico refletindo e só encontro duas opções: (1) o diretor gosta de fazer o operacional, sente-se mais útil na empresa e não sabe como trabalhar o posicionamento estratégico da empresa; (2) ou ele está sabotando a empresa de forma intencional.

Confesso que a opção (1) me parece a mais aplicável a todas as situações em que tive algum tipo de envolvimento.

Não fomos preparados para planejar e fazer estratégias. Além disso, pesa a nossa cultura latina de "sair fazendo". A estratégia lida com questões complexas, como: qualidade, competências, desenvolvimento de pessoas, gestão do conhecimento, gestão de riscos, entre outras. O desempenho de uma empresa está ligado aos objetivos e às metas estratégicas e operacionais. O desempenho de uma empresa pode começar pelo processo de contratações de seus novos funcionários, por exemplo, buscando pessoas mais focadas em estratégia. Muitas vezes, essas pessoas serão contratadas para "mudar a cultura organizacional atual da empresa" e criar um novo ecossistema de gestão do conhecimento e competências (aumentando o desempenho, a qualidade e a excelência da organização). Mas esse pensamento estratégico de "como mudar a cultura que hoje não se adequa mais" vem da estratégia, aquela de deixamos para quando der tempo ou para quando eu conseguir fazer.

Há uma frase atribuída ao Cel. Romaguera, comandante brasileiro na missão de pacificação do Haiti, que diz: "nenhuma tática corrige um erro estratégico". A empresa que não pensa de forma estratégica dentro de um ambiente externo dinâmico e de rápidas mudanças será, em algum tempo, atingida por outras empresas que estão entendendo o mercado, a forma de consumo e outros fatores. Afinal, talvez o seu produto e/ou serviço não seja mais assim tão necessário daqui a algum tempo. Os paradigmas e o ciclo de vida estão cada vez mais curtos. Novos produtos surgem e novos planos de negócio são rapidamente escaláveis. Empresas que demoravam décadas para atingir 1 milhão em faturamento hoje levam meses para isso. São as chamadas empresas disruptivas.

Mas o que você e eu temos com isso? Bom, entendo que nossos trabalhos (profissões) e nossas empresas serão, sim, afetadas. Aquelas empresas que não adequarem e amadurecerem seus projetos podem estar gastando dinheiro com projetos que não as colocarão vivas no mercado no próximo ano.

152 LIÇÕES APRENDIDAS EM PROJETOS

"Mas nem sei direito como é esse tal de planejamento estratégico!"

Bom, então corra atrás desse conhecimento. Entenda como construir e manter a sua estratégia selecionando projetos que, de fato, materializem sua visão de futuro. Precisamos buscar maturidade, e essa só vem com a execução e as lições aprendidas, a partir da construção estratégica das empresas e das nossas carreiras.

Caso você não tenha oportunidade de trabalhar na estratégia da sua empresa, busque conhecer e construir, ao menos, a sua estratégia de carreira. Afinal, é preciso se preparar para o mercado de trabalho, que, sem dúvida, está mudando e exigindo novas competências. E, claro, não vamos ficar esperando a empresa construir a nossa carreira, pois, com certeza, essa não é uma obrigação da empresa e, sim, nossa. Não espere pela empresa, construa o seu caminho e esteja preparado para quando a oportunidade acontecer. Isso é, para mim, o que as pessoas chamam de sorte.

Para se Tornar um Gerente de Projetos Melhor

Todos os gerentes de projetos gerenciam projetos?

Leandro Vignochi

Quero iniciar essa história deixando muito claro que sou extremamente aderente às boas práticas de literaturas de gerenciamento de projetos, como o bom e velho *PMBOK® Guide*, PRINCE2®, métodos ágeis, modelos híbridos, enfim, confio em tudo aquilo que proporciona técnica e lógica para o gerente planejar projetos, assim como as certificações e especializações de gerenciamento de projetos. Porém, tudo que é lido e não internalizado transforma-se em frases ao vento, assim como as certificações passam a ser apenas letras após o nome.

Seguindo esse raciocínio, recordo de um erro que cometi e que me surpreendeu pela incoerência: acreditei que trabalhar com gerentes de projetos que carregam a bandeira de diversas metodologias tornaria a tarefa mais tranquila, fácil e, principalmente, focada em datas, papéis e responsabilidades. Terrível erro: o projeto foi um calvário, sentia-me em outro planeta por estar solicitando o comprometimento com datas, papéis e responsabilidades. As reuniões eram uma palestra, nem mesmo o cronograma das pautas era atendido. Percebi que existe uma distância enorme entre ser, acreditar e gostar. Entendi que um segredo para ter mais estímulo e proatividade na vida é alinhar o que fazemos com o que gostamos. Então, se você gosta de ser visto e adulado, sem comprometer-se com entregas, vá dar palestra motivacional; se gosta de falar e se alongar nas colocações e exposições, entre na política; deixe o gerenciamento de projetos para quem se importa com os interesses do projeto.

Bem, o projeto desenvolveu-se conflituosamente do início ao fim. A essência do gerenciamento de projetos foi aniquilada e destruída, perdi a calma por inúmeras vezes e também rasguei as literaturas de gerenciamento de projetos – mais um erro que cometi. Que decepção! Entrei no jogo dos gerentes de projetos só da boca para fora, na linha do "faça o que eu digo, mas não faça o que eu faço".

Porém, acredite, isso não vai se repetir! Hoje, quando me envolvo com projetos e os recursos são profissionais de gerenciamento de projetos, certificados e tudo mais, inicio o trabalho com muita firmeza, no limite da grosseria. Como diria Che Guevara, "há que endurecer-se, mas sem jamais perder a ternura". Realizo quase um terrorismo extremo, deixando claras as regras, o que eu espero e também os critérios e indicadores de exclusão dos profissionais envolvidos no projeto, principalmente os gerentes de projetos. Faço repetições constantes do combinado, do acordado, da postura que espero no projeto, para que isso fique realmente gravado, deixando explícito que um gerente de projetos não brinca de projetos, com minha empresa ou com meu nome.

Assim você já percebe as argumentações e os posicionamentos, identifica quem fala de projetos e quem atua como gerente de projetos, e já decide se continua ou não com aquele profissional. Acredite, é uma boa prática de prevenção e estabelecimento de uma relação de trabalho. De outra maneira, você corre o risco de entrar no mundo do faz-de-conta dos gerentes de projetos que não chegam na hora marcada, não entregam com qualidade e no prazo, e sempre têm uma fala para contrapor e se justificar. São aqueles que tocam e puxam os projetos, mas se esquecem de aplicar o que aprenderam para gerenciar os projetos.

Conflitos

Fernando Bartelle

Orgulho-me bastante de tudo que tive a oportunidade de aprender desde que começei a trabalhar com projetos. As ditas *hard skills* logo apareceram no meu caminho e me pus a estudar desde a capacidade de fazer planilhas até as mais complexas ferramentas e técnicas listadas no *PMBOK Guide*. Elas obviamente ajudam muito no dia a dia de um profissional de projetos.

O diferencial na carreira de um gerente de projetos, entretanto, são as ditas *soft skills*. Claro que saber elaborar uma EAP ou fazer um cronograma correto são habilidades cruciais. Mas muita gente sabe e pode fazer essas coisas. Habilidades de liderança, comunicação e gestão de pessoas são o que realmente nos levam à frente. Tive bons exemplos e fiz tudo o que pude para aprender com eles. E usei minhas próprias experiências como laboratório para pôr em prática o que fui aprendendo e criar minha própria "caixa de ferramentas" como gerente de projetos.

Uma das oportunidades legais que tive foi participar de um processo de *coaching*. Eu ainda era gerente de contratos na época e já tinha passado por alguns projetos e programas bastante complexos e desafiadores. E foi a época onde tive que liderar as maiores equipes (em tamanho e talvez em gabarito) até aqui na minha carreira. Cheguei a montar equipes de mais de quarenta profissionais, espalhados pelo país, em algo como duas semanas.

Projetos intensos, pessoas diferentes, prazos curtos, clientes pressionando: cenário perfeito para surgirem conflitos! Aliás, gestão de conflitos é uma dessas habilidades que são imprescindíveis e, muitas vezes, igualmente negligenciadas por profissionais de projetos.

Mas voltando ao *coaching*, um dos assuntos escolhidos para trabalhar foi justamente gestão de conflitos. Foi solicitado que eu fizesse uma autoavaliação como gerente, e o fiz. No quesito gestão de conflitos, do alto de toda a minha modéstia, me dei nota máxima e relatei uma série de eventos onde mediei conflitos entre membros da minha equipe, membros da minha equipe com o cliente, ou com a diretoria... trocando em miúdos, eu tinha histórias para contar, e, bem ou mal, todas acabavam sendo resolvidas.

Em paralelo com a minha avaliação, outra foi desenvolvida pelo profissional de *coaching*, em resposta ao diagnóstico realizado dentro da empresa. Passando os olhos pelo documento, me surpreendi com uma nota em gestão de conflitos bem mais baixa do que a que eu havia me dado.

— Como assim? Deve haver algum erro – eu disse.

— Não, é isso mesmo – respondeu o *coach*.

— Mas não pode ser. As histórias que eu contei não são verdadeiras?

— São... e os resultados foram bons.

— Então qual é a explicação?

Havia uma explicação. Todas as mediações de conflitos que eu havia relatado envolviam outras pessoas. Quando eu estava envolvido, porém, os resultados eram muito piores. Eu tinha dificuldades de ouvir os outros no que dizia respeito ao meu próprio desempenho ou comportamento. E acabava envolvido em conflitos sem sequer perceber.

O próprio resultado da avaliação do *coaching* mostrava isso, oras!

Pois a partir daí fiz o que acredito que sempre devemos fazer em situações assim: aceitei a crítica, entendi o que estava acontecendo e, em vez de lamentar o passado, lambi as feridas e fui adiante. Passei a observar mais meus comportamentos e fazer força para mudar.

Ainda há muito que melhorar à frente, mas certamente sou um profissional bem melhor hoje por causa dessa dica. Obrigado, *coach*!

Um Super Bonder® para matriz extra fraca em projetos

Mariela Aranda

Quando estudamos o *PMBOK® Guide*, em qualquer de suas edições, o capítulo introdutório nos apresenta as diferentes estruturas organizacionais, indo da matriz fraca até a projetizada. Entendemos, na matriz, que nossa empresa trabalha e facilita (ou não) a estruturação de alguns projetos. Temos alguns projetos que surgem na própria área por necessidades estratégicas ou de manutenção de algum tipo de rotina operacional, cujo cliente poderá ser o processo produtivo que usufrua do seu resultado.

Estamos em um momento onde grande parte da necessidade de gestão de projetos não está mais na área da construção (onde suspeita-se que a gestão de projetos está dominada), nem em empresas de TI (onde também suspeita-se que os métodos ágeis/*Scrum*/híbridos também estão dominados). A gestão de projetos está sendo solicitada a gritos na área industrial. Essa é uma fatia do mercado da gestão de projetos que está começando a visualizar os ganhos de eficiência nos resultados no investimento aplicado para melhoria ou expansão de seus processos.

No entanto, essas empresas estão "atoladas" desde a Primeira Revolução Industrial na estrutura matricial muito fraca, com uma escala hierárquica em que há gerentes funcionais, supervisores e analistas – os últimos exercem o papel de "líder de projeto". Sim, vamos chamar de líderes para não confundir com o papel de gerente funcional, o que poderá nos trazer problemas futuros, pois já os presenciei no meu início de jornada na gestão de projetos. Pode ser que, na situação de nosso país e em nossa situação social (pensamento limitado do ser humano), possamos querer mais de uma empresa pelo fato de sermos chamados de gerentes, mas, em nosso *job description*, apareça analista de projetos ou algo do gênero.

Talvez a falta de poder de persuasão ou inexperiência inicial com nossos *stakeholders* e a falta de evidência de que trabalhar nesse tipo de estrutura seria um "abacaxi" para gerenciar a relação entre projetos em algum momento nos traz a necessidade atual de utilizar um Super Bonder® para unificar projetos ultrafragmentados entre departamentos.

A costura do relacionamento entre projetos, sem mencionar a comunicação e o compartilhamento entre recursos, torna-se uma odisseia. Dizem que "cachorro sem dono morre de fome", então qual seria a situação do projeto com n+1 gerentes funcionais e n+1 analistas "de algo" executando a operação? Bem, com certeza, cronogramas fragmentados por departamentos, recursos que não se enxergam, custos divididos e decisões a serem tomadas eventualmente divergentes. Resumindo, no lugar de sinergia, temos entropia total.

O que dá certo nesses casos? O Super Bonder® ajuda quando tentamos vincular os cronogramas, mas, se a isso somamos a disparidade de conhecimento em gestão de projetos entre departamentos ou maturidades diferentes, o processo de seleção natural do líder aparece automaticamente. Sim, Darwin nos mostra que o mais adaptado é o que evolui. Logo, o líder/analista/gerente que possua mais conhecimento em gestão de projetos será o que leva o projeto a ser executado com alguma eficiência e propicie sua entrega com algum sucesso.

Não podemos alterar o DNA das indústrias em um piscar de olhos, pois disso se encarrega o próprio mercado, onde – novamente citando Darwin – vão sobreviver as empresas que mais se adaptam, as que são mais flexíveis e as que enxergam, em seus processos internos, as perdas na gestão – e gestão de projetos é apenas uma delas. Os líderes de projetos naturais surgirão, o conhecimento será consolidado e cada vez menos precisaremos utilizar supercola para unificar projetos. Por enquanto, continuarei comprando Super Bonder® e tentando aplicar até que o mercado e a teoria da evolução fizerem sua parte.

"Reis da garganta"

Leandro Vignochi

A atitude está ligada à ação. Não adianta ter conhecimento e habilidade e não ter atitude.

Difícil de entender é a atitude de investir em conhecimento e desenvolvimento específico de assuntos que permeiam o seu ambiente de trabalho e, mesmo assim, optar pela velha frase: "faça o que eu digo, mas não faça o que eu faço", deixando o conhecimento única e exclusivamente no discurso, a ponto de nos tornarmos eloquentes na fala e nos esquecermos de agir com dedicação e disciplina.

Baseado na crença do "em casa de ferreiro, espeto de aço inoxidável", fui a um encontro de gerentes de projetos especificamente para definir uma contratação em um projeto que necessitava de auxílio no monitoramento e na gestão. Impressionei-me com a quantidade de opções de profissionais com conhecimento acadêmico, e até mesmo de causa, e optei pela contratação daquele que mais se dispunha a falar com propriedade.

Grande erro! Acabei por contratar o "rei da garganta", cheio de frases feitas e alguns casos de sucesso. Bem, sobrou para mim – afinal, o erro de não ponderar a contratação com base em uma análise de requisitos técnicos, funcionais, foi 100% meu. Depois dessa experiência triste, comecei a prestar mais atenção nas atitudes dos que se dizem proprietários do conhecimento. Dupliquei minha autocrítica a ponto de solicitar lições aprendidas da minha postura, por estágios, nas reuniões, e também no encerramento do projeto, para não me tornar um "rei da garganta".

Mas como evitar a contratação de um profissional que atua apenas com capacitações e diálogos, sem um efeito prático na execução do projeto? Bem, adotei algumas práticas que me auxiliam a desmascarar os falastrões ou validar os profissionais. Primeiro, coloco-me como ouvinte ativo e, após um período de casos e apresentações, questiono sobre o que deu errado nos projetos; depois, solicito a EAP do projeto e a principal ferramenta utilizada na análise de riscos. Com essas três questões, eu consigo interpretar 70% das capacidades e intenções do profissional.

Nesse estágio, já estou em um processo de exclusão ou contratação. Caso eu opte pela continuidade do processo, solicito uma lista de clientes de referência. Telefono para os cinco principais e pontuo a qualidade de reconhecimento técnico e de comunicação no projeto, analiso os indicadores e a lista de lições aprendidas do último projeto. A partir do entendimento das respostas a essas questões iniciais, as aproximações me remetem a alguns estágios que refinam a escolha de forma correta, sem vínculos ou preferências.

Trata-se de um bom procedimento para evitar os falastrões que têm eloquência somente na hora de vender o trabalho, mas que, no momento da execução, posicionam-se sempre buscando um culpado ou transferindo trabalho para os outros.

Titulação não abre portas

Fábio Giordani

Sempre fui muito curioso e focado em realizar, em sair do contexto das ideias e colocá-las em prática. Assim como aconteceu com outras pessoas que tentam colocar algo em prática, comigo não foi diferente. O erro aqui relatado é relacionado a um projeto não comercial, denominado formação acadêmica. O cliente é o mais importante: eu mesmo.

Meus pais sempre moraram no Rio Grande do Sul e, no início de minha vida adulta, no começo dos anos 1990, próximo aos vinte anos de idade, eu morava em uma cidade do interior e cursava bacharelado em Análise de Sistemas após ter concluído o curso técnico em Processamento de Dados. Já conseguia obter remuneração suficiente para pagar as mensalidades da faculdade, minhas despesas pessoais e também as festas que frequentava.

Eis que, faltando dois semestres para terminar o curso, surgiu uma oportunidade de trabalho em Porto Alegre, em uma empresa reconhecida na área de tecnologia à época.

Meu irmão mais velho morava na capital, e a empresa onde eu trabalhava no interior estava se mudando para Santa Catarina, o que tornava a oferta para Porto Alegre ainda mais tentadora. Eu acabei aceitando e, como dizem aqui no Sul, mudei--me "de mala e cuia" para Porto Alegre.

Eu tinha a intenção de transferir o curso para uma universidade na capital e concluir o bacharelado. Em menos de seis meses, recebi a oferta de abrir a minha própria empresa (o famoso "virar PJ") para atender a um cliente em São Paulo. Mais uma vez, o deslumbre pelo novo, a possibilidade de ganhos maiores e a incessante curiosidade da vida no centro comercial do país, o qual já conhecia de algumas visitas a passeio, me levaram a aceitar o desafio.

Minha vida coube em duas malas de tamanho médio, sem sequer pagar excesso de bagagem. Tudo mudou de forma muito mais intensa do que o planejado de início, e os estudos ficariam de lado por um ano para que eu pudesse colocar a vida nos trilhos em uma cidade nova, sem a família por perto, estabelecendo novas amizades.

Passado o período inicial, a carga de trabalho e o deslocamento absorviam muito mais tempo do que eu imaginara, e, convenhamos, a possibilidade de aproveitar um pouco da vida em detrimento de voltar aos bancos universitários atrai muito mais um jovem. Isso era reforçado pelas entregas técnicas que eu fazia e pelos estudos técnicos que empreendia, de forma autodidata, e que me rendiam alguns destaques no time. Fiz também alguns cursos técnicos para me manter atualizado tecnologicamente, mas a conclusão do curso superior realmente havia ficado em segundo plano.

Algum tempo depois, eu estava prestando serviços para uma multinacional na área automobilística, desenvolvendo sistemas para a equipe de engenharia de produtos. O ambiente de trabalho era muito bom, a política de remuneração e benefícios para os funcionários era excelente e havia grande respeito pelos colaboradores.

Restando duas semanas para o término do contrato, a gestora da área me chamou para uma conversa, cujo assunto era a oferta para que eu passasse a integrar o time de funcionários da empresa, não mais em um contrato de prestação de serviços, mas como profissional regido pela CLT. A proposta era excelente e com rendimentos líquidos maiores que aqueles que eu usufruía como PJ. Irrecusável!

164 LIÇÕES APRENDIDAS EM PROJETOS

Fiquei lisonjeado com o convite e tomei como reconhecimento à minha capacidade, profissionalismo e dedicação. Mas havia um detalhe importante: o primeiro documento a ser enviado para o RH para a contratação teria de ser o certificado de conclusão do curso superior.

Sabe quando a vida te sacode e ainda dá um belo soco? Foi isso que eu senti no momento, tendo de explicar, a quem me oferecia uma oportunidade ímpar, os motivos pelos quais eu não poderia ser selecionado para a vaga. Ouvi da voz de lamento de quem realmente não esperava tal situação um simples conselho: "não deixe isso acontecer novamente. Competência é a chave que abre portas, e diplomas são calços que evitam que elas venham a se fechar".

Esse foi um dos pontos de virada em minha vida. Meu contrato findou e, uma semana depois, eu estava reorganizando a vida, com mudança planejada e entrevistas para trabalhos no Rio Grande do Sul novamente.

Com esposa e filho pequeno, retornar para perto da família e contar com seu apoio, além de trocar cinco horas de trânsito diário por quatro horas de estudo em uma universidade, foi uma decisão importante.

Não é fácil retomar os estudos após algum tempo parado. Sempre gostei muito de ler e não tive de sair da inércia, pois continuava estudando sobre assuntos técnicos. No entanto, atender a uma rotina de estudos com horários definidos, local específico, entregas e assuntos que me eram impostos pelo currículo do curso, e não pelos meus gostos e interesses diretos, não foi fácil. Adicionemos uma esposa incansável e que sempre me apoiou, mas levou mais de três anos para se adaptar na nova cidade, e um filho pequeno que sentia minha ausência.

De fato, a afirmação da gestora se confirmou. Não deixei acontecer novamente. Por muitas vezes, as titulações mantiveram portas abertas que trouxeram oportunidades importantes em minha carreira.

Ao compartilhar meu caso, frequentemente surge a dúvida sobre considerar perda de tempo o período longe da faculdade e não ter concluído o curso, para depois me mudar para outra cidade. Não considero perda de tempo, pois, nesse período, participei de diversas atividades que me trouxeram conhecimento sobre outras áreas. Teria sido perda de tempo se eu não tivesse aproveitado tal período em iniciativas produtivas e que me agregaram valor positivo no somatório de experiências que vivi.

Mas, se foi um erro? Sim, faltando tão pouco para concluir a graduação, considero um erro, sim.

Realmente acredito que somos a soma do que vivemos e do que experimentamos. A soma de nossos acertos e falhas nos torna únicos, e nossas diferenças são o tempero da vida em sociedade.

E, hoje, com essa questão bem resolvida, reforço aos meus filhos que "competência é a chave que abre portas, e diplomas são calços que evitam que elas venham a se fechar".

NOSSOS CONVIDADOS

O que acontece quando seu especialista decide ir em busca de novos desafios?

Oussama Ajouz

A transferência de conhecimento e a manutenção da documentação são parte essencial das atividades do processo de gerenciamento de projetos. É fundamentado pelas duas principais funções da documentação: garantir que os requisitos do projeto sejam cumpridos e estabelecer a rastreabilidade em relação ao que foi feito, quem o fez e quando foi feito.

Assim, a documentação deve ser a base para a qualidade, a rastreabilidade e o histórico para o projeto em condução, bem como ser a base de conhecimento para todos os projetos da organização. Portanto, é extremamente importante que a documentação esteja bem organizada, fácil de ler e adequada para o uso.

Então, minha história traz um dos erros que ocorrem no gerenciamento de projetos a partir da visão de mudanças sucessivas devido à carência ou à ausência de documentação nos projetos.

Em 2012, iniciamos nosso projeto estabelecendo o escritório de gerenciamento de projetos (PMO) e ativando suas funções como mecanismo para a criação e implementação de contratos/projetos e como coordenador líder, entre todas as partes envolvidas nos projetos (contratados, consultores de supervisão, supervisão de gerenciamento e revisão de projeto) associados à implantação de um sistema automatizado e integrado para ajudar a construir um sistema de governança eficaz para gerenciar projetos de forma mais objetiva.

Durante quatro anos do ciclo de vida do projeto realizamos um tremendo trabalho com resultados práticos que fizeram desse projeto um modelo a ser utilizado como base de melhores práticas recomendada para construir projetos semelhantes no país. Para adicionar, esse esforço foi culminado pela conquista do prêmio de Projeto Destacado, concedido por um instituto governamental em 2017. Mas o que deu errado? Como a história do projeto de sucesso é um capítulo deste livro sobre erros no gerenciamento de projetos?

O *Project Management Information System* (PMIS) foi a plataforma com *dashboard* e KPIs desenvolvidos com o intuito de apresentar todos os esforços que a equipe fez durante todo o projeto. O sistema possuía um especialista sênior de *Management Information System* (MIS), responsável por sua manutenção e desenvolvimento.

Em determinado momento, o especialista em MIS decidiu abandonar o projeto e viajar para outro país, sem preparar as documentações de software necessárias nem transferir o conhecimento para outra pessoa. A partir daquele momento as questões começaram a aparecer. Ainda estávamos no processo de curar a dor de perder conhecimento quando um recurso valioso deixou o projeto. Então fomos obrigados a valorizar mais a transferência de conhecimento e começamos a desenvolver boas práticas usando os especialistas em assunto necessários (PMEs) nessa disciplina.

Para concluir, geralmente os recursos importantes estabelecem a organização para além da competição. Quando transferem conhecimento para outros, os resultados do projeto melhoram e os objetivos estratégicos são atendidos.

Oussama El Ajouz, PMP', MCTS, PMD, atua como consultor e instrutor em gerenciamento de projetos e PMO. Certificado do PMI, atualmente matriculado no programa global SKEMA *Business School* no EMBA na França. Oussama desenvolveu metodologias de gerenciamento de projetos/programas para escritórios de administração com múltiplos projetos. Atua também como consultor e instrutor certificado em Microsoft Project (MSP) e Oracle Primavera P6. Liderou várias implementações de sistema de gestão de projetos para empresas internacionais na região do Oriente Médio.

Aprenda a fórmula da comunicação não violenta e evite conflitos nas relações

Mirieli Colombo

Nós, humanos, somos movidos por necessidades emocionais (aprovação, respeito, valorização, reconhecimento, prestígio, confiança). Essas necessidades estão por trás de grande parte de nossas atitudes. Na comunicação não é diferente. É nas discussões que percebemos nossas necessidades aflorando nas entrelinhas. Quando não estamos recebendo emocionalmente o que queremos, nos ressentimos e podemos nos voltar contra o outro proferindo ataques, chantagens, ameaças e se "vingando" com palavras ofensivas.

O que eu venho percebendo ao longo desses 19 anos de experiência na comunicação é que o problema nunca está no que você quer dizer, mas sempre na forma como você diz. Existe uma forma de administrar conflitos em diálogos sem causar sofrimento entre as partes envolvidas que eu ensino aos meus clientes.

Marshall Rosemberg, psicólogo orientado pelo Carl Rogers, consultor para programas de paz e mediador de conflitos em regiões assoladas por guerras, junto com colaboradores, desenvolveu os princípios da CNV – Comunicação Não Violenta (NVC – *Nonviolent Communication*).

A técnica de Rosemberg começa por fazer uma contextualização na fala – e nessa contextualização, em formato de narração, não pode haver julgamento e, sim, trabalhar com os fatos, ou seja, com a realidade. O segundo passo é poder falar do nosso sentimento pessoal frente a essa situação, mais uma vez sem nada de julgamento. Em seguida devemos expor a nossa necessidade, aquilo que é importante individualmente, para a relação e/ou para a empresa, considerando sempre o todo. E, ao final, fazer a solicitação, com gentileza, para a pessoa ou para o grupo.

Vou dar um exemplo para que fique mais fácil entender a fórmula. Você é gestor de uma equipe e requisita um projeto. Entrega um *briefing* com os pontos principais do que você deseja e passa para o time, que tem até o dia x para entregar a atividade. Quando chega o dia combinado você verifica que o projeto não ficou como esperava. Muitos gestores vão chegar para sua equipe com esse discurso: "eu não sei o que está acontecendo! Gente, esse projeto não está redondo, não está atendendo à necessidade passada no *briefing*". Essa fala já é um julgamento e as pessoas envolvidas com certeza não vão se sentir bem.

Mas e se eu chegar de outro jeito dizendo: "nós fizemos uma reunião dia x, foi dado um *briefing* de uma necessidade de um projeto para o dia y. Foi uma reunião, ao meu ver, longa, onde nós passamos todos os pontos principais e hoje na entrega do projeto eu verifiquei que alguns detalhes não ficaram redondos como nós gostaríamos enquanto empresa. Então, nesse momento, eu estou aqui fazendo essa contextualização para que nós possamos compreender essa situação". Dessa forma ninguém vai se sentir agredido porque simplesmente foi colocada a situação.

O segundo passo é falar do sentimento. "Meu sentimento nessa hora é de frustração e ansiedade porque percebo que isso vai gerar um retrabalho que com certeza vai ser desgastante para todos nós". Aí nós vamos para a necessidade. "E nós temos uma necessidade de entrega desse projeto 100% finalizado na data tal".

E, por último, nós vamos fazer a solicitação. "Então, juntos, eu peço que nós possamos pensar a melhor forma de nós detalharmos as questões mais importantes. Que juntos nós possamos incluir ideias de como nós podemos ser mais objetivos na hora de projetar e fazer as solicitações dos projetos. E que a gente elabore vários pla-

172 LIÇÕES APRENDIDAS EM PROJETOS

nos de ações para que nós possamos atingir a necessidade da empresa e de cada um para que a entrega seja feita de um jeito mais tranquilo".

Esse é um exemplo de comunicação não violenta e inclusiva, onde todos saem mais motivados a colaborar. Agora, se nós chegarmos de um jeito agressivo e fazendo julgamento, com certeza isso vai criar resistência e mexer com as necessidades internas das pessoas, e nós não vamos ter bons resultados.

Nós precisamos nos dar conta da forma como nós estamos dizendo as coisas, perceber a lente que nós estamos utilizando para dizer determinado conteúdo. O julgamento sempre mexe com as pessoas e faz com que o outro se feche na conversa, ou, pior, em alguns casos, se defenda agredindo.

Como especialista e *coach* de comunicação, meu conselho não é que você deixe de se comunicar para evitar conflitos. Muito pelo contrário. O que não é dito e vai sendo guardado pode transformar uma onda pequena em um tsunami, com desastres irreversíveis. Então, sim, nós precisamos conversar, mas de um jeito certo. Porque a nossa "verdade" é nossa, porém, pode não ser a do outro.

E se nós realmente queremos ter uma visão do todo, nós devemos permitir que todas as ideias possam vir à mesa, considerando tudo que as pessoas estão pensando. Somente assim nós vamos realmente conseguir um entendimento claro e adequado para todos.

A fórmula da comunicação não violenta serve para todos os diálogos, nas relações conjugais, com os amigos e colegas de trabalho, etc. e deve ser usada sem moderação.

Meu convite é que nós possamos pensar todos os dias a melhor forma de dizer o que precisa ser dito.

Mirieli Colombo é fonoaudióloga, especialista em voz e em dinâmica dos grupos pelo SBDG e Master em programação neurolinguística. Possui experiência em consultoria em empresas, em ênfase na formação de líderes na excelência da comunicação (dicção, oratória e postura) e trabalhos individualizados em consultoria há 18 anos.